"读懂新时代"丛书

孙东升 / 主编

新时代中国社会主要矛盾研究

唐 鑫 /著

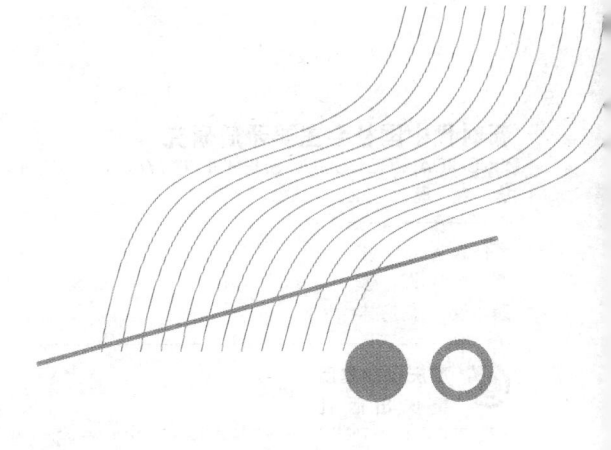

DUDONG
XINSHIDAI

重庆出版集团
重庆出版社

图书在版编目(CIP)数据

新时代中国社会主要矛盾研究/唐鑫著. —重庆：重庆出版社,2024.2
ISBN 978-7-229-18195-6

Ⅰ.①新… Ⅱ.①唐… Ⅲ.①社会主义社会－主要矛盾－研究－中国 Ⅳ.①D66

中国国家版本馆CIP数据核字(2024)第019853号

新时代中国社会主要矛盾研究
XINSHIDAI ZHONGGUO SHEHUI ZHUYAO MAODUN YANJIU
唐 鑫 著

责任编辑：彭 景
责任校对：郑 葱
装帧设计：何海林

重庆出版集团 重庆出版社 出版

重庆市南岸区南滨路162号1幢　邮政编码：400061　http://www.cqph.com
重庆出版社艺术设计有限公司制版
重庆市国丰印务有限责任公司印刷
重庆出版集团图书发行有限公司发行
E-MAIL:fxchu@cqph.com　邮购电话：023-61520646
全国新华书店经销

开本：889mm×1194mm　1/32　印张：9.5　字数：190千
2024年2月第1版　2024年2月第1次印刷
ISBN 978-7-229-18195-6
定价：65.00元

如有印装质量问题,请向本集团图书发行公司调换：023-61520678

版权所有　侵权必究

总　序

2017年金秋十月，秋高气爽，丹桂飘香。习近平总书记在人民大会堂，在党的十九大报告中，郑重作出"中国特色社会主义进入新时代"的重大判断，并指出这是"我国发展新的历史方位"。这是在中华人民共和国成立近70年、中国共产党成立近100年、改革开放近40年的重大时刻，对我们党和国家所取得的伟大成就，特别是在对党的十八大以来党和国家事业取得历史性成就、发生历史性变革进行科学总结的基础上，经过审慎研究作出的科学判断，是对我国现阶段所处历史方位的科学定位。

中国特色社会主义进入新时代的重大判断，是习近平新时代中国特色社会主义思想产生的时代背景，是我国社会主要矛盾发生转变的必然结果，是我们党和国家制定发展战略和政策举措、确定工作任务和奋斗目标的重要依据。这一重大政治判断，精辟概括了当代中国发展变革的阶段性特征，科学标定了中国特色社会主义航船前行的时代坐标。

中国特色社会主义进入新时代的重大判断，具有深远的历史意义、政治意义和世界意义。对中华民族来说，这是实现伟大复兴光明前景的新时代，意味着近代以来久经磨难的中华民族迎来了从站起来、富起来到强起来的伟大飞跃；对科学社会主义来说，这是中国共产党在世界上高高举起中国特色社会主义伟大旗帜的新时代，意味着科学社会主义在21世纪的中国焕发出强大的生机和活力；对整个世界来说，这是中国为解决人类问题贡献智慧和方案的新时代，意味着中国特色社会主义道路、理论、制度、文化不断发展，拓展了世界范围内发展中国家走向现代化的实现途径，为世界上追求发展和独立的国家和民族提供了全新选择。

新时代是从党的十八大开始的。党的十八大以来，我国在经济建设、政治建设、社会建设、文化建设、生态文明建设等方面，在改革发展稳定、治党治国治军、内政外交国防等领域，都取得了历史性、转折性、全局性的突破和转变。从党的十八大到现在，十多年过去了，新时代又踏上了新征程，党的二十大胜利擘画了实现中国式现代化的宏伟蓝图。

新时代具有极其丰富的内涵。面对新时代，我们有许多可以研究的课题。比如，新时代究竟"新"在哪里？在新时代，我们要继往开来、续写新的时代篇章；我们要开创新局面，对推进强国建设、民族复兴伟业作出新的战略安排；我们要适应人民新期待，满足人民对美好生活的新向往；我们要砥砺奋进、接续奋斗，续写梦想新征程；我们要积极参与、顺应时代潮流，提升我国的国际形象和地位，等等。所有这些，都是新时代的内涵和范畴。读懂新时代，就要厘清这些问题，搞清其中道理，挖掘精神财富。

比如，应该如何看待新时代的发展历程和光明前景？

首先，新时代之所以能够取得伟大成就，根本在于"两个确立"。正是因为确立了习近平同志在党中央的核心、在全党的核心地位，为新时代中国这艘巨轮掌舵领航；正是因为确立了习近平新时代中国特色社会主义思想这一当代中国马克思主义、21世纪马克思主义的指导地位，并用这一科学理论武装头脑、指导实践、推动工作，我们的强国建设、民族复兴伟业才能经受住各种风险挑战和考验。"两个确立"是反映全体人民共同心声的重大政治论断，是新时代我们党形成的最重大政治成果、最宝贵历史经验、最客观实践结论，是党和人民应对一切不确定性的最大确定性、最大底气、最大保证。在新时代，我们必须深刻领悟"两个确立"的决定性意义，坚决做到"两个维护"。

其次，新时代的发展是一个不断探索、不断改革、循序渐进的过程。新时代的持久发展和取得的伟大成就，不是敲锣打鼓、轻轻松松就能实现的，而是要在习近平总书记和党中央的坚强领导下，需要经过几代人的不断进取、艰苦努力才能取得的。从历史发展看，从"一化三改造"到确立社会主义制度，再到"以中国式现代化推进中华民族伟大复兴"；从实行改革开放到坚持推进改革开放，再到"以巨大的政治勇气全面深化改革"，实行"更加积极主动的开放战略"；从解决温饱问题到人民生活水平显著提高，再到解决发展不平衡不充分问题……无一不是在总结历史经验的基础上得出的科学论断。

再次，新时代的发展必须坚持人民立场。全心全意为人民服务始终是我们党的宗旨，从未改变。进入新时代以来，我们党深入贯彻以人民为中心的发展思想，无论是健全社会保障体系，还是推进高质量发展；无论是强调协调推进"四个全面"战略布局，还是统筹推进"五位一体"总体布局；无论是提出"一带一路"倡议，还是不断倡导构建人类命运共同体……最终的落脚点都是增进人民福祉，让人民更安全、更幸福，获得感、满足感不断增强。新时代是为人民的时代，是属于人民的时代。

属于新时代的课题还有很多，有的非常重大，比如主要矛盾问题，比如共同富裕问题，等等。我们必须认识到，新时代的发展是全面的、立体的，新时代的发展，从顶层设计到具体实施，从上层建筑到经济基础，涉及经济、政治、文化、社会、军事、外交等各领域各方面各环节，需要各方面专家学者的深度研究和通力解读，需要有责任担当的出版机构大力宣传，积极推广。

重庆出版社策划的这套"读懂新时代"丛书，从小处着眼，聚焦某个重大问题深入研究阐释，辐射反映新时代以来的伟大变革，让人们对新时代有了更为直观的认识。这套丛书是开放性的，随着理论研究的不断深入和新时代新征程的火热实践，将会有更多学者的研究著作纳入其中。希望这套丛书出版以后，能够产生较大的社会效益，并在学术界和广大读者中产生积极影响。

孙东升

2023年12月

目 录

总　序 / 1

序　章 | 正确把握新时代中国社会主要矛盾是理解和推进中国式现代化的枢纽 / 1

一、研究新时代中国社会主要矛盾对推进中国式现代化的重要意义 / 3

二、涉及的基本概念与定义 / 10

三、即将阐述的核心问题 / 12

第一章 | 中国式现代化与社会主要矛盾理论的探索 / 19

一、马克思主义经典作家对人类社会基本矛盾、资本主义社会基本矛盾和垄断资本主义矛盾状况的论述 / 22

二、中国共产党人对社会主要矛盾认识的不断深化 / 37

三、新时代中国社会主要矛盾转化的理论阐释 / 52

第二章 | 中国式现代化取得的辉煌成就和根本变革是新时代中国社会主要矛盾转化的现实依据 / 93

一、生产力的迅猛发展：社会主要矛盾转化的根本推动力 / 95

二、生产关系—经济基础的巨大变革：社会主要矛盾转化的重要原因 / 128

三、上层建筑的持续调整：社会主要矛盾转化的关键因素 / 144

四、从封闭半封闭到扩大开放 / 153

第三章 | 推进中国式现代化需要关注新时代中国社会主要矛盾的基本特征 / 171

一、新时代中国社会主要矛盾的全局性 / 173

二、新时代中国社会主要矛盾的系统性 / 191

三、新时代中国社会主要矛盾的变易性 / 202

四、新时代中国社会主要矛盾的复杂性 / 209

第四章 | 在持续解决新时代中国社会主要矛盾的过程中推进中国式现代化 / 219

一、改革是解决新时代中国社会主要矛盾的根本动力 / 221

二、以人民为中心推动全面发展 / 240

三、实现国家治理体系和治理能力的现代化 / 258

四、为推进中国式现代化和解决新时代中国社会主要矛盾创造良好外部条件 / 271

结　语 / 283

主要参考文献 / 285

后　记 / 288

序 章

正确把握新时代中国社会主要矛盾是理解和推进中国式现代化的枢纽

序 章

正确把握新时代中国社会主要矛盾是理解和推进中国式现代化的枢纽

新时代中国社会主要矛盾理论和中国式现代化理论，是习近平新时代中国特色社会主义思想中的两个引人注目的亮点和重大理论创新。新时代中国社会主要矛盾及其转化，是正确理解中国特色社会主义进入新时代、科学把握中国当前所处历史方位的基本依据；中国式现代化的理论和实践，打破了"现代化=西方化"的迷思，为世界展现了现代化的另一幅图景，拓展了广大发展中国家走向现代化的路径选择，为人类对更好社会制度的探索提供了中国方案。中国式现代化，是新时代以来，在以习近平同志为核心的中共中央的正确领导下推进和拓展的，这就意味着，要深入理解并将中国式现代化推向前进，必然要研究新时代中国社会主要矛盾，从而洞悉中国式现代化的内在规律。正是从这个意义上说，正确把握新时代中国社会主要矛盾，是理解和推进中国式现代化的枢纽。

一、研究新时代中国社会主要矛盾对推进中国式现代化的重要意义

从 2012 年中国共产党第十八次全国代表大会召开至今，中国进入了被称作中国特色社会主义新时代的历史发展新阶段。在以习近平同志为核心的党中央的正确领导下，中国人

民进行了具有许多新的历史特点的伟大斗争，积极面对并持续克服诸多影响党长期执政、国家长治久安、人民幸福安康的突出矛盾和问题，开创了一系列历史性变革，取得了一系列历史性成就。党立足于新中国成立特别是改革开放以来的长期探索和实践基础，经过新时代取得的理论和实践上的创新突破，成功推进和拓展了中国式现代化。2022年党的二十大进一步明确了党在新时代新征程的使命任务，这就是团结带领全国各族人民全面建成社会主义现代化强国、实现第二个百年奋斗目标，以中国式现代化全面推进中华民族伟大复兴。

党的二十大报告对中国式现代化理论作了系统阐述，这说明中国共产党人的道路自信、理论自信、制度自信、文化自信得到进一步增强。一方面，中国式现代化是对传统现代化道路，特别是以西方发达国家为代表所开拓的资本主义现代化道路的超越，既吸收借鉴了已经实现现代化的国家的成功经验，又综合考虑当前时代发展要求和人类文明进步方向，立足中国的现代化建设实践，走出了一条合乎历史规律，彰显中国优势的中国式现代化道路。另一方面，中国式现代化主要是在新中国成立以来中国共产党领导人民进行社会主义工业化、现代化建设的实践中探索出来的，这条道路必将具有鲜明的中国特色，可这并不意味着中国式现代化道路是一条"只适用于中国"的"例外",相反,由于中国在现代化过程中所遇到的风险和挑战同世界广大发展中国家所遇到的问题具有共通性,又基于中国作为世界上最大发展中国家的事实,中国在面对和处理这些问题时,往往需要克服比其他国家复杂得多、困难得多的矛盾冲突形势,这使得中国式现代化作为中国为世界贡献的中国智慧、中国方案的重要组成部分,对其他国家特别是发展中国家,具有十分巨大的借鉴和参考价值。中国愿意向希望了解中国式现代化建设情况的国家介绍经验和提供帮助,但同时中国也绝对无意于"称霸""当头",将本国的社会制度和发展方式强加于人,这是中国向世界反复强调并作出的庄严承诺。

今后,中国将在全面建设社会主义现代化国家和社会主义现代化强国、实现中华民族伟大复兴的事业中进一步推进中国式现代化理论和实践的发展。党的二十大作出了从2020年到2035年基本实现社会主义现代化;从2035年到本世纪中叶把我国建成富强民主文明和谐美丽的社会主义现代化强国的"两步走"战略部署。在这期间,中国的现代化进程绝不会是轻而易举、敲锣打鼓就能完成的,必将面对和承受来自各个方面的诸多风险挑战。当前,世界处于百年未有之大变局,经济全球化深入发展,科学技术在移动互联网、基因工程、人工智能等领域取得突破,人们的生产和生活方式正在被深刻地改变；同时世界经济存在的长期结构性问题远未解决，维护世界和平与促进共同发展的事业受到多重因素的威胁，气候变化、环境污染等全球性问题依旧突出。新冠肺炎疫情对世界造成了严重冲击，使全球进入了动荡变革期的世界之中，各种潜在的矛盾问题呈现出激化趋势，国际力量和国际格局出现深刻变化调整，令我国在今后一段时间内所面对的国际形势更加复杂化，战略机遇和风险挑战并存。处于新时代的中国，确实取得了一系列的辉煌成就，经济快速发展奇迹和社会长期稳定奇迹为全世界所称道，然而中国改革发展稳定还面临着不少躲不开、绕不过的深层次矛盾，系统性风险有所增加。在这样的国内和国际形势下，要进一步推动中国式现代化的创新发展，必须从全局和战略的高度，抓住纷繁复杂的问题之中的关键，实质上就是要研判和抓住新时代中国社会主要矛盾，并对这一矛盾进行深入研究和分析，在此基础上制定推进中国式现代化的具体战略和方针政策。

新时代中国社会主要矛盾，指的就是于2017年党的十九大首次提出的人民日益增长的美好生活需要和不平衡不充分的发展之间的矛盾。对社会主要矛盾的转化和明确界定，对中国共产党和中国人民的事业而言，具有极为重大的理论和实践意义，这既取决于矛盾分析法在马克思主义理论之中

序　章
正确把握新时代中国社会主要矛盾是理解和推进中国式现代化的枢纽

的关键地位，也取决于中国共产党在其100多年的实践中形成的、根据不同时期的社会主要矛盾，制定基本路线、主要任务和方针政策的政治传统。马克思主义经典作家虽然没有直接提出社会主要矛盾的概念，但在他们的理论著述和革命实践中实际上自觉运用着矛盾分析法，他们提出的人类社会基本矛盾、资本主义基本矛盾、帝国主义基本矛盾等科学概念，已经包含了关于矛盾不平衡性及主要矛盾的观点。中国共产党自成立以来，根据马克思主义的基本原理，将社会矛盾学说理论化、系统化，形成了以《矛盾论》《关于正确处理人民内部矛盾的问题》为代表的一系列理论成果。主要矛盾的主要方面决定事物性质和发展方向，抓社会主要矛盾的主要方面，将之作为制定党在不同时期基本路线和工作重心的立足点，已成为中国共产党领导人民进行革命、建设、改革的重要经验和方法。

党的十九大以后，由于中国特色社会主义进入新时代和社会主要矛盾转化为人民日益增长的美好生活需要和不平衡不充分的发展之间的矛盾等重大观点的提出，对于如何阐明社会主要矛盾之"变"与社会主义初级阶段之"不变"的关系问题，成了学术界甚至社会各界极为关注的一大理论焦点。一般来说，马克思主义在确定和划分不同社会、不同时代、不同时期、不同阶段时，都将社会主要矛盾的情况作为一个根本性的论证依据,社会主要矛盾的变化,总是意味着社会发展阶段的根本改变。坦率地说,对于社会主要矛盾转化而社会主义初级阶段没有改变的理论解释,学术界尚未给出一个足够合理和满意的答案。

因此,深化对社会主要矛盾的认识,深刻剖析当前社会主要矛盾的历史脉络、具体内涵、转化依据、主要特点、表现形式及其解决方法,就成为推进中国式现代化理论和实践创新发展的必然要求和需要。其一,对中国当前社会主要矛盾的界定,既是习近平新时代中国特色社会主义思想之中的一个重大理论创新和重要组成部分,也是对马克思主义的社会矛盾学说的一个创新发展,兼具"中国特色"和"基本原理"的双重意义。因为新时代中国社会主要矛盾的转化,并没有改变对社会主义初级阶段基本国情的判断,由此必会引出"社会主要矛盾决定的是何种社会发展阶段?""社会主要矛盾和社会主义社会基本矛盾有什么关系?""中国目前社会主要矛盾的实质是什么?"等问题,每个问题都触及了推进中国式现代化的核心依据;回答这些问题的关键,就在于如何认识和理解新时代中国社会主要矛盾。其二,正确认识新时代中国社会主要矛盾,是正确理解我国基本国情的重要理论前提,实际上就是要更进一步回答当前社会主要矛盾转化、中国特色社会主义进入新时代同中国仍处于并将长期处

序章

正确把握新时代中国社会主要矛盾是理解和推进中国式现代化的枢纽

于社会主义初级阶段的"变"与"不变"问题。正确认识国情,以此制定特定时期的路线方针政策,实现科学执政,是中国共产党治国理政的理论基石。如果对社会主要矛盾把握不准,那么必然会导致对中国社会发展阶段的认识偏差,进而动摇党在治国理政实践中所遵循的科学根据。其三,清楚阐释新时代中国社会主要矛盾问题,有助于统一全党、全国思想,澄清理解误区,纠正错误观念,推动中国式现代化的创新发展。当前,社会各界对于新时代中国社会主要矛盾的含义及转化,还存在着不少困惑和讨论,这固然存在未能准确完整理解的可能性,但也反映出对于新时代中国社会主要矛盾的理论阐发仍有待深入。只有实事求是地从理论上真正讲清楚、讲明白,从实践上摆事实、摆证据,才能令人信服,打通人们心中的疑惑,更加坚定地为全面建设社会主义现代化国家,进而迈向为建设社会主义现代化强国的征程而奋斗。关于新时代中国社会主要矛盾的研究著述比较丰富,可是也存在着偏重于具体应用、缺乏有深度的基础理论研究,将社会主要矛盾窄化为经济领域的问题去理解、而不是作为一个贯穿并制约社会各个方面的问题来把握,对社会主要矛盾的历史演进和立论依据关注较多、对未来的发展前景讨论较少等缺憾。所以,要在中国式现代化的理论和实践背景下,准确认识新时代中国社会主要矛盾,把握二者的辩证关系，就必须重点回答以下三大核心问题，即如何从中国式现代化的理论探索和实践进程中，理解新时代中国社会主要矛盾的内涵及转化；如何从中国式现代化道路的意义上，理解新时代中国社会主要矛盾与社会主义初级阶段的"变"与"不变"；以及应如何解决和超越新时代中国社会主要矛盾，从而使中国式现代化得以克服困难，顺利实现中华民族伟大复兴的宏伟目标。

二、涉及的基本概念与定义

什么是中国式现代化？中国式现代化在2022年中国共产党第二十次全国代表大会上正式提出并系统论述。中国式现代化是在新中国成立特别是改革开放以来长期探索和实践基础上，经过党的十八大以来在理论和实践上的创新突破，得以成功推进和拓展出来的。中国式现代化是中国共产党领导的社会主义现代化，既有各国现代化的共同特征，更有基于自己国情的中国特色。中国式现代化是人口规模巨大的现代化，是全体人民共同富裕的现代化，是物质文明和精神文明相协调的现代化，是人与自然和谐共生的现代化，是走和平发展道路的现代化。中国式现代化的本质要求是：坚持中国共产党领导，坚持中国特色社会主义，实现高质量发展，

序 章
正确把握新时代中国社会主要矛盾是理解和推进中国式现代化的枢纽

发展全过程人民民主，丰富人民精神世界，实现全体人民共同富裕，促进人与自然和谐共生，推动构建人类命运共同体，创造人类文明新形态。

什么是中国特色社会主义新时代？中国特色社会主义新时代的概念在2017年中国共产党第十九次全国代表大会上首次提出，起始节点是2012年党的十八大召开，根据文件表述，至少将持续到21世纪中叶实现中华民族伟大复兴的中国梦。这个新时代意味着中华民族历经站起来、富起来、强起来的伟大飞跃，迎来中华民族伟大复兴的光明前景；意味着21世纪的中国使科学社会主义焕发出生机和活力，开创出中国特色社会主义的理论和实践；还意味着中国探索出了一条可供广大发展中国家借鉴的现代化道路，为解决人类问题贡献了中国智慧。这个新时代是以决胜全面建成小康社会、进而全面建设社会主义现代化强国为目标的时代，是不断创造人民美好生活、逐步实现共同富裕的时代，是中华民族全体成员共同奋斗走向伟大复兴的时代，是中国在世界舞台日益发挥更大作用、作出更大贡献的时代。

什么是社会主要矛盾？社会主要矛盾是特定历史阶段的最大限制性因素，也就是需要解决的中心问题，体现着社会基本矛盾的客观要求，是社会基本矛盾在特定社会发展阶段的集中体现。社会主要矛盾和次要矛盾、社会主要矛盾对立着的主次两个方面随着社会的变化发展,都有可能发生相互转化,不过这种转化的质的规定性和量的规定性在不同的时期也是不同的,有的反映的是一种量的、渐进的阶段性变化,有的则是反映出生产力与生产关系、经济基础与上层建筑激烈的、根本的变化。

三、即将阐述的核心问题

通过之后各章节的论述,本书希望能够从回顾、总结和推进中国式现代化的角度,回答应如何正确理解新时代中国社会主要矛盾的基本内涵,如何正确解释新时代中国社会主要矛盾的转化以及其与社会发展阶段之间的关系;如何正确认识新时代中国社会主要矛盾的基本特征和关键;如何在准确把握新时代中国社会主要矛盾的基础上推进中国式现代化的创新发展。

第一,全面深入阐述马克思主义社会矛盾理论,回顾社会主要矛盾的理论演进与实践探索,重点是要明晰作为新时代中国社会主要矛盾的理论与历史背景,揭示出新时代中国社会主要矛盾是如何在中国式现代化的实践探索之中演进发展的。一方面,全面总结马克思主义社会矛盾理论的形成与发展,特别是通过对马克思主义经典作家对人类社会基本矛

序　章
正确把握新时代中国社会主要矛盾是理解和推进中国式现代化的枢纽

盾、资本主义基本矛盾及其表现形式、垄断资本主义社会矛盾状况等论述，总结出马克思主义分析社会矛盾的一般方法和历史经验。另一方面，考察中国共产党人在新民主主义和社会主义革命、建设、改革的过程中，在推进中国式现代化的实践探索中，对社会主要矛盾认识的不断深化，整理中国共产党人以马克思主义社会矛盾理论为指导，对半殖民地半封建社会主要矛盾、对"过渡时期"主要矛盾、对社会主义改造完成后社会主要矛盾的认识和阐述，总结正反两方面历史经验，提出社会主要矛盾分析方法的一般原则和理路。

第二，讨论新时代中国社会主要矛盾转化的理论依据，以回答社会主要矛盾转化而社会主义初级阶段不变的问题，从而更加明确推进中国式现代化所处的历史方位。一方面，通过综合国际共产主义运动和中国探索的理论演进与历史经验，统一把握马克思主义关于社会矛盾学说的基本内容，对人类社会基本矛盾、特定社会的基本矛盾、社会主要矛盾这三大概念的内在含义、联系和区别，指出社会主要矛盾是社会基本矛盾在具体历史条件和发展阶段下的集中体现，对于新时代中国社会主要矛盾的转化根源，需要从人类社会基本矛盾的运动变化之中，从生产力、生产关系—经济基础、上层建筑的对立统一之中去寻找。另一方面，指出新时代中国社会主要矛盾是中国特色社会主义进入新时代的基本依据，重点剖析社会主要矛盾同社会发展阶段的相互关系，指出社会发展阶段的本质区别，就在于那些对其作出质的规定性的基本矛盾。新时代中国社会主要矛盾反映的是人类社会基本矛盾阶段性的运动发展状况，是生产关系、上层建筑的相对独立性有所加强，但还未出现根本性变化的体现，它的转化推动了中国特色社会主义进入新时代，但还没有使社会主义初级阶段发生质的跃升。这就是说，新时代中国社会主要矛盾的转化是"总体量变的部分质变"，新时代仍然是社会主义初级阶段之内的一个发展阶段。

第三，论述新时代中国社会主要矛盾转化的现实依据，也就是中国式现代化的实践探索是如何促使中国社会主要矛盾逐步转化的，从生产力、生产关系—经济基础、上层建筑三大方面，详细考察其内在原因和外在表现。一是回顾新中国成立以来，尤其是改革开放以来社会生产力的迅猛发展，提出了经济发展方式转变的客观要求。中国社会主义现代化建设事业迅猛推进，取得了世界公认的经济发展奇迹；中国实现全面建成小康社会，绝对贫困在中国被历史性地消除了，人民生活水平得到了极大提高；中国出现了一支庞大的、高素质的劳动力队伍，既是生产力发展的结果，也是生产力继续进步的条件。二是从生产资料所有制的变化、收入分配制度改革发展方面和社会主义市场经济的建立与完善的角度，考察生产关系—经济基础的巨大变革，指出当前的生产关系总体上同社会生产力的要求是相适应的，但其相对独立性有所强化，自身的特殊规律正发挥出越来越大的作用。三是论述上层建筑的持续调整。随着经济基础的改变，社会主义基本政治制度不断完善，思想文化领域变化巨大，上层建筑和经济基础在总体上同样是相适应的，不过上层建筑的发展导致其需要重点解决的问题和弊病发生改变，这正是新时代中国社会主要矛盾发生转化的重要表现。四是对外开放政策彻底改变了封闭半封闭的状况，中国成为国际社会的重要参与者，而世界形势又作为明显的外部因素对中国经济社会发展产生影响。

第四，关注并论述新时代中国社会主要矛盾的基本特征，以及这些特征在中国式现代化理论和实践之中的典型表现。重点考察新时代中国社会主要矛盾的全局性、系统性、变易性、复杂性四大特点，指出矛盾的具体表现在经济、政治、文化、社会、生态文明等各个领域、各个方面都十分突出；人民不同内容的美好生活需要之间、不同领域发展的不平衡不充分之间、人民美好生活需要和发展的不平衡不充分之间、国内改革发展和国际形势变化之间，有着十分紧密的联系，是一个高度系统化的有机整体；矛盾的两个方面会随着解决矛盾的实践活动而发生渐次升级，在满足人民需要、解决发展的不平衡不充分问题的过程中，展现的是一幅螺旋式上升的图景；矛盾的运动变化是十分复杂的，不可能完全被人把握，而解决矛盾的努力也必然需要经历一个探索的过程，问题不可能在短时间内得到解决，由此就有可能会出现"黑天鹅""灰犀牛"以及来自外部环境的风险挑战。以上特征都是新时代中国社会主要矛盾同此前的各类矛盾十分不同的鲜明特点，同时也是推进中国式现代化必须考虑的关键因素。

最后，探讨如何应对与解决新时代中国社会主要矛盾，推进中国式现代化理论和实践的创新发展。其一，指出改革是解决新时代中国社会主要矛盾的根本动力。明确改革的社会主义原则底线，不该改、不能改的坚决不改；增强忧患意识，树立底线思维，着力防范化解重大安全风险；要增强决心和勇气，强化改革的顶层设计与战略指导，推动全面深化改革。其二，要以人民为中心推进全面发展。牢固树立以人民为中心的发展思想，坚持发展的最终目的是实现人民对美好生活的向往，把人民的态度作为衡量工作成效的根本标准；立足于对新发展阶段的分析，贯彻创新、协调、开放、绿色、共享的发展理念；全面推进经济、政治、文化、社会、生态文明等各领域建设，不断满足人民日益增长的美好生活需要。其三，实现国家治理体系和治理能力的现代化。

这就要推动党的自我革命，巩固与加强中国共产党的集中统一领导；根据实现高质量发展的客观要求，持续推进党和国家的机构改革；推动中国特色社会主义制度更加成熟、更加定型。其四，创造良好的国际环境与外部条件。明确在新时代要着力推动构建人类命运共同体，将"一带一路"倡议逐步付诸实施；促进国际共产主义运动的复兴。

第一章

中国式现代化与社会主要矛盾理论的探索

第一章
中国式现代化与社会主要矛盾理论的探索

矛盾分析法是马克思主义的一大基本方法。通过分析人类社会及其不同发展阶段的基本矛盾、主要矛盾以及各种各样的矛盾表现形式,揭示具体社会形态之下的矛盾运动规律,从而自觉用以指导实践,可以说是马克思主义诞生以来的基本发展路径。马克思、恩格斯、列宁等马克思主义经典作家,在各自不同的时代,推动了科学社会主义理论和实践的飞跃。他们正确揭示了人类社会基本矛盾和资本主义基本矛盾,分析了垄断资本主义——帝国主义时期的突出矛盾。马克思主义传入中国后,中国共产党人结合中国革命、建设、改革实际,正确运用矛盾分析法,把握不同时期的历史方位,将马克思主义的社会矛盾学说进行了理论化和系统化,创作了以《矛盾论》《实践论》《关于正确处理人民内部矛盾的问题》为代表的一批理论著述。对于中国共产党而言,抓住主要矛盾带动全局工作,是唯物辩证法的要求,也是党一贯倡导和坚持的方法。

中国共产党人在领导推进中国式现代化的过程之中,为马克思主义关于社会矛盾的思想,特别是社会主要矛盾学说的提出、丰富和发展,作出了十分巨大的贡献。在毛泽东的《矛盾论》之前,不论是马克思、恩格斯还是列宁,都没有写作过一部论述马克思主义的矛盾学说和矛盾分析法的专著,他们是将之直接运用于对各自所处时代性质、特点的科学分析之中。另外,"社会主要矛盾"概念是由毛泽东第一次提出并阐发的,马克思主义经典作家虽然没有直接采用"社会主要矛盾"的提法,而是更多研究并使用"基本矛盾"的概念,但他们在运用矛盾分析法时,实际上已经为社会主要矛盾、主次矛盾及矛盾主次方面之间相互转化等理论准备好了一切必要的材料。从中国新民主主义革命,到新中国成立后的社会主义革命和开启社会主义的全面建设,再到改革开放与社会主义现代化建设新时期,直至今天的中国特色社会主义新时代,中国共产党人始终坚持运用矛盾分析法看待中国社会发展的基本情况,在推进中国式现代化的实践之中不断总结经验,并将之系统化、理论化,使马克思主义关于社会主要矛盾的理论日臻成熟和完善。

一、马克思主义经典作家对人类社会基本矛盾、资本主义社会基本矛盾和垄断资本主义矛盾状况的论述

作为马克思主义的创始人,马克思、恩格斯成为人类发展史上不得不提的人物,他们深刻影响了此后哲学、经济学、政治学、社会学等诸多学科领域的演进走向。由马克思、恩格斯所创建的唯物史观和剩余价值学说,揭示了人类

社会基本矛盾、资本主义社会基本矛盾及其表现形式,科学阐述了人类社会发展的一般规律和资本主义运行的特殊规律,指出了实现人类彻底解放的道路。

(一)马克思、恩格斯的矛盾理论

19世纪初,正值青年的马克思和恩格斯都被黑格尔哲学所吸引,尤其是折服于辩证法的独特魅力。随着阅历的增长,马克思、恩格斯先后完成了思想的革命性转变。在黑格尔辩证法、费尔巴哈唯物论等思想基础上,他们在19世纪中叶创立了唯物史观,以及作为其中非常重要之一部分的社会矛盾理论;后来,在《资本论》等著作中,资本主义社会的基本矛盾也得以揭示。也正是在对人类社会基本矛盾和资本主义社会基本矛盾的科学分析之中,体现出了马克思主义分析社会矛盾的基本方法和主要观点。

1.对前人的批判与超越

黑格尔所提出的辩证的哲学主张,在当时被认为是一种极为复杂的思想,但正是这一套思维图式,此后被马克思、恩格斯吸收入唯物史观,并成为共产党人分析社会、改造世界的基本方法。列宁曾将辩证法的核心概括为"关于对立面的统一的学说"。扼要讲来,黑格尔所说的矛盾,一是它是对立着的双方的统一,两个方面在比较中既区别又联结;二是它是一个各部分之间具有内在联系的有机整体，而不是孤立的部分的简单相加；三是对立面的相互转化、消解的运动完全是内在的，而非外在的；四是矛盾运动是一个向前发展的过程，是貌似返回原点而实际上发生了羽化上升的过程；五是事物内在的矛盾运动是事物之"超越自身界限"发生质变的动力和原因。这些思想，后来基本都被纳入马克思主义的哲学体系和矛盾学说中，并被马克思主义者用来分析社会的发展阶段。

马克思、恩格斯继承了黑格尔辩证法的合理内核，同时对黑格尔哲学进行了彻底的清算和批判。一方面，马克思认为，黑格尔辩证法所揭示出的运动过程是无止境的，现存的宗教、国家和社会秩序都可以而且应当加以批判。马克思论证了宗教和民族国家都不是终结，而只不过是新的批判的起点。对宗教的批判将导向对于"苦难尘世"的现实世界的批判，也就是对法、对政治的批判。这种批判是手段而非目的，它采用的方法是实践的而非思辨的，是对于现实的无情揭露，它的目的是消灭批判的对象。不过，旧的秩序只不过是已经死去了的东西的残余躯壳，批判必将超出不论是宗教神学还是德意志民族国家的狭隘边界。对旧制度和民族国家的现实批判，将导向人的本质的复归和人的自由解放。另一方面，马克思、恩格斯实现了对黑格尔客观唯心论的超越，

第一章
中国式现代化与社会主要矛盾理论的探索

在批判中确立了唯物主义的立场。马克思、恩格斯认为,黑格尔错误地将现实认定为精神的展开,是精神自己运动的过程与结果,而实际上精神是以现实为基础并不断反映着现实,因此,黑格尔哲学是"以头立地"而不是"脚踏实地"。马克思、恩格斯所做的工作,就是要将这一颠倒了的关系重新扶正——这就是说,不是将"无"作为起点,而是发现人类社会的辩证法;不是将世界视为精神的展开,而是视为客观存在的展开。

同时,马克思、恩格斯也超越了费尔巴哈的"半截子"唯物论,将历史思维纳入他们的批判之中。他们认为,"巨大的历史感"是将黑格尔同其他哲学家区别开来的重要一点,黑格尔第一个意识到并试图证明历史是一个存在着内在联系的发展的过程。而费尔巴哈恰恰过于关注自然,而较少注意社会政治生活,他在社会领域并没有继续坚持唯物主义的立场,对人类社会仍然采用感性直观的方法,这就必然使他和前人一样,只能发觉并得出"历史是人的意志的结果"或者"人的本质是爱"等表面上的结论。马克思、恩格斯将人的本质视为社会关系的总和,这就摆脱了将社会历史领域视为意志活动的结果的唯心论,从而为运用严谨科学的方法分析社会创造了理论前提和思想基础。

马克思、恩格斯对黑格尔辩证法最重大的发展,就是端正了思维与存在、实践和认识的关系,是人类社会在辩证地自己运动、自己发展,主观的、思维的辩证法是自然界和人类社会辩证运动规律的反映,同时又在社会实践之中发挥着能动的作用。进而,还可以得到其他的一些重要推论:人类社会是一个统一的社会有机体,这个有机体之中存在着对立面的统一,并在这种内在的矛盾推动下不断发展;这种发展是渐进性和飞跃性的统一,是一个进化的、前进的、上升的过程,更是一个新社会对旧社会既克服又保留的"扬弃"的过程。在形成独特的核心立场和思维范式以后,马克思、恩格斯开始运用这种新理论考察分析社会有机体的运行。

2.揭示人类社会的基本矛盾

1858年末至1859年初,马克思在为其著作《政治经济学批判(第一分册)》所写的序言中描述了他的研究结果,完整阐述了生产力和生产关系、经济基础和上层建筑的矛盾运动规律,指出了人类社会发展变革的奥秘。这也是人类社会基本矛盾理论的主要内容,它既是马克思、恩格斯所创立的唯物史观的实际应用成果,又是唯物史观的最基本观点。

第一,马克思、恩格斯确定了他们的讨论起点是"现实的人"。关于人和人的本质问题,过去的哲学家曾给出过多种答案,但他们要么把人归结为理性的化身,要么将人看作自然的单调组成。马克思、恩格斯宣布将人置于经验事实之上，他们要研究"现实的个人"，只有这样的个人才是人类历史的前提。人的存在固然还不能脱离其生物基础；但将人与其他动物区别开的，是人开始通过劳动来生产自己的生活资料。因此，"现实的人"就是能够进行生产劳动实践的人，这样的人一定是作为社会有机体内在组成的人，也是在不以其意志为转移的自然社会条件之下活动的人。这一理论创新从根本上克服了过往哲学解答的缺憾，为将科学研究方法应用于社会历史领域打开了大门。

第二，既然"现实的人"根本上是从事生产活动的人，那么考察的重点自然而然就落到对于这种生产方式的分析上。"直接生活的生产和再生产"是历史的决定因素，这种生产有两层含义：一是人口本身的生产即人类种群的繁衍，二是物质资料（即生产资料和生活资料）的生产。前一种是人口自身的生产及婚姻家庭制度；后一种对于物质资料的生产，则被马克思、恩格斯看作是人类社会发展的根本决定因素。人们在生产过程里必然要采取这样的和那样的"交往方式"，而在不同的历史时期，交往方式当然也是不同的。另外，人们从事生产的最终目的，是满足人们自身生存、发展、种群延续以及由此派生出来的各种各样的需要。因此，正是需要和生产方式，决定了人们之间这种体现出客观性质的普遍的物质联系。马克思、恩格斯将生产力视为人类生产手段和交往方式的统一体,始终将人与自然、人与人这两个方面作为一个有机整体来讨论。人的活动在改造自然界的同时,也在改造着人自身存在所依赖的环境,而后人都是将前人改造的结果,作为一种既定的、外在于他们的事实状况接受下来,并以它作为继续生存和发展的基础。

第三,社会意识是人的物质活动的直接产物,且同人的物质活动交织在一起。以前的思想家只是通过直观的方式看到哲学、宗教、意识形态、政治等的独立外表,认为这些才是社会和历史的根源,历史似乎是按照人们的主观目的在演进。马克思、恩格斯将意识看作是对存在的反映,并进一步使用了"上层建筑"这一术语,明确指出它的变化发展必须从社会生产力和生产关系的矛盾运动中去解释。

第四,生产力和生产关系—经济基础和上层建筑出现相互分离的趋势和持续的矛盾运动,这种矛盾运动是人类社会发展的动力。社会存在和社会意识的分离,是由于社会分工的深化。物质劳动和精神劳动的分工,意味着分工发生了一个大的飞跃。分工还为劳动产品的生产和劳动产品的享用、生产活动和消费活动的分离创造了现实条件,这些都由不同的人们来完成;而作为分工的另一表现形式的所有制,实际上反映的是对于劳动及其产品的分配。伴随着分工的发展,社会的、集体的、共同的利益也同群体的、个人的、个别的利益相分离，这必将导致人们各自直接地去追求他们的特殊利益，而将共同利益视为一种同自己无关的异己的存在。为防止社会在这种激烈的冲突中崩溃，就必须要有一种表面凌驾于社会之上、起到缓和或约束矛盾冲突的工具，即国家。当社会存在和社会意识，生产力和生产关系—经济基础和上层建筑彼此发生分离和矛盾时，社会意识、生产关系、上层建筑当然会呈现出一种相对的独立性，并且具有一定的反作用，在特殊条件下甚至起到决定性的作用。

可见，马克思、恩格斯所揭示的人类社会基本矛盾，完全是从人类社会自身发展的进程中提炼出来的，是一种"具体的抽象"。这些规律的发现建立在对大量历史材料的掌握和研究之上，具有坚实的科学依据。随着人类社会从低级到高级的演进，劳动分工的深化将生产与需要、生产力和生产关系、经济基础和上层建筑、个人利益和集体利益、国家和社会的相对分离和矛盾运动变成了现实，从内在的矛盾转化为外在的对立。这一系列矛盾的产生和消亡，既是社会发展的结果，又是社会发展的动力，只有消灭分工，这些矛盾才有可能得到最终解决。

3.详述资本主义社会基本矛盾

对资本主义社会的批判分析，一直被公认为是马克思、恩格斯最伟大的理论成就。在发现人类社会的基本矛盾以后，马克思、恩格斯发现了生产社会化同生产资料的资本主义私有制之间的矛盾这一资本主义基本矛盾。马克思希望通过运用辩证法，不仅研究资本主义的现状，而且要揭开资本主义的未来，他相信辩证法是历史前进的内在逻辑。他要做的工作，就是发现资本主义生产方式的规律，揭开资本主义内在的基本矛盾，窥探未来社会的前进趋势和大致特征，从而"缩短和减轻分娩的痛苦"。

马克思从分析商品出发，从抽象到具体，逐步阐述了支配着资本主义的基本矛盾。在资本主义生产方式下，私人劳动和社会劳动的矛盾，同剩余价值的生产和对剩余价值的无限追求相结合，成为资本主义的基本矛盾。生产力的发展已经令生产变成社会分工协作的共同产物与活动，但它仍然需要在这样一种占有形式下运行，即以个别的私人生产为前提，劳动产品归私人所有并在市场上出卖；这一矛盾同资本主义的扩展一道，逐渐支配了越来越多的部门和国家，直至成为一切现代社会所面临的基本矛盾与共同规律。恩格斯的著作《社会主义从空想到科学的发展》中，还谈到了资本主义基本矛盾在各个领域的表现形式。在人与人的关系上，表现为资产阶级和无产阶级的阶级斗争；在社会生产上，表现为企业内部的有组织性同社会整体生产的无政府状态的矛盾；在供求关系上，表现为生产无限扩大的趋势同有支付能力的需求相对不足的矛盾，等等。资本主义的基本矛盾在资本主义生产方式之内永远无法解决，资本主义必将在基本矛盾的不断激化中走向灭亡，而终究被社会主义、共产主义所取代。

对于社会主义、共产主义社会是否还存在矛盾，存在什么样的矛盾，马克思、恩格斯没有作出直接回应，他们并不想做预言家，他们对未来社会的设想，完全是建立在对资本主义社会之现实趋势的科学分析之上。"马克思的整个世界观不是教义，而是方法。它提供的不是现成的教条，而是进一步研究的出发点和供这种研究使用的方法。"对社会主义社会甚至共产主义社会的矛盾运动情况，他们不愿也不可能作出详细讨论，只能留待于后人解决。

（二）列宁对垄断资本主义社会矛盾的论述

1895年恩格斯去世后不久，国际共产主义运动就出现了理论纷争和派系区别。1914年第一次世界大战的爆发，使得这种纷争演变为彻底的组织分裂和对抗。历史证明，以列宁为首的俄国布尔什维克党人，正确运用了马克思主义的社会矛盾学说，科学地揭示并阐述了帝国主义即垄断资本主义时代的矛盾运动情况，从而促成科学社会主义从理论到实践的飞跃。

1.第二国际时期关于社会矛盾的论争

1889年7月14日创立的第二国际,是在恩格斯直接指导下的马克思主义国际组织。直至第一次世界大战爆发前,第二国际为国际共产主义运动的发展发挥了积极作用,同时也成为各个社会主义政党和派别进行辩论的最重要平台。恩格斯逝世后,统一的社会主义运动开始出现裂痕,由思想的分裂变为策略的分裂,最终导致了组织的分裂甚至第二国际本身的瓦解。

在第二国际时期,社会主义者们对于资本主义的发展现状和社会主义的战略与策略,已经有了非常不同的看法,分歧起初只是策略和方法的区别,逐渐变成对长期形势、基本立场和理论原则的对立。冲突的萌芽在恩格斯晚年就已经出现。1899年法国米勒兰入阁事件,导致了法国社会主义运动的分裂,并引起国际社会主义者的广泛关注和争论。1899年,爱德华·伯恩施坦撰写的著作《社会主义的前提和社会民主党的任务》对马克思主义进行了原则性的修正,在他看来,要维护和保障工人的权利,并不一定必须夺取政权和消灭资本主义,这实际上否定了马克思主义揭示的历史必然性。虽然伯恩施坦修正主义曾遭到严厉批判,但修正主义的理论和实践依旧继续发展。最终,1914年发生的大背叛,宣告了第二国际的破产。从此,修正主义者和革命的马克思主义者走上了截然不同的道路。

从社会矛盾分析法的角度看,第二国际左派和右派的争论,涉及的根本问题就是对资本主义基本矛盾及资本主义社会发展的认识问题。1900年前后,资本主义完成了从自由竞争到垄断的转变,修正主义认为,新的情势表明资本主义并不会很快灭亡,因而消灭资本主义的革命任务被推到了遥远的未来,社会主义者的当前任务就是在资本主义的秩序之内,为无产阶级争取最大的利益;而革命的马克思主义主张,资本主义必将引起激烈冲突,资本主义的危机就在眼前,无产阶级要为消灭资本主义、建立社会主义做好一切准备,在资本主义制度内争取一定利益的改良必须服从于这一点。表面上看,两种主张的区别似乎是"策略性的",但修正主义—社会民主主义从1914年至今的历史证明,社会民主党将策略变成了路线,在行动上完全放弃了消灭资本主义的尝试。

2.列宁对垄断资本主义矛盾情况的分析

资本主义从自由竞争发展到垄断的趋势,其实早已被注意到。马克思、恩格斯就已经观察到资本集中的现象,第二国际的社会主义理论家也创作了许多著作对资本主义的新发展进行分析,不过,修正主义及"正统马克思主义"理论家论证的结果,导向了经济危机的可避免性和改良道路,实际上否定了马克思对资本主义基本矛盾的科学论断。在前人研究基础上,列宁对垄断资本主义进行了科学的分析,得出帝国主义是资本主义的最高阶段,也是社会主义革命前夜的结论。

一方面,列宁论述了帝国主义的形成及其特点。帝国主义是资本主义发展到高级阶段的产物,是资本主义的垄断阶段。帝国主义或垄断资本主义在19世纪末20世纪初取代了自由竞争资本主义,其最显著特点是垄断。作为自由竞争的对立面,垄断未消除自由竞争,而是凌驾于自由竞争之上,使竞争在规模和程度上更加激烈。帝国主义有五个基本特征:生产和资本的集中发展到这样高的程度,以致造成了在经济生活中起决定作用的垄断组织;银行资本和工业资本已经融合起来,在这个"金融资本的"基础上形成了金融寡头;和商品输出不同的资本输出具有特别重要的意义;瓜分世界的资本家国际垄断同盟已经形成;最大资本主义大国已把世界上的领土瓜分完毕。

另一方面,列宁阐述了帝国主义的寄生性与腐朽性。帝国主义特有的寄生性与腐朽性,既体现于阻碍技术进步、造成停滞,也体现在食利者阶层与食利国的产生。同时,食利者阶层与食利国利用一部分超额垄断利润,培植、收买工人阶级上层,使工人运动中的机会主义与帝国主义接近起来。

帝国主义已经从萌芽状态成长为一整套经济、政治、文化的统治体系，资本主义的垄断组织在国民经济和政治中居于主导地位，世界已被瓜分完毕，少数帝国主义大国为取得进一步的垄断权而激烈斗争，成为帝国主义时代的主要特征；同时，帝国主义既使资本主义经济快速发展，也加剧了资本主义经济发展的不平衡性，使社会矛盾进一步激化。

通过以上分析，列宁认为，帝国主义是一种向更高社会形态过渡的资本主义，是垂死的资本主义。这是一个资本主义基本矛盾不断激化并达到顶点的时代，是帝国主义战争与无产阶级革命的时代。资本主义的垄断阶段同样是充满矛盾的，从列宁的分析出发，可以看出比较重要的三大矛盾：一是垄断资本集团之间的、帝国主义国家之间的矛盾；二是帝国主义同殖民地半殖民地之间、压迫民族和被压迫民族之间的矛盾；三是无产阶级同资产阶级及工人贵族之间的矛盾。

这三组矛盾运动，都是资本主义基本矛盾在帝国主义阶段的具体表现形式。当垄断资本主义阶段到来时，这些矛盾的地位凸显出来，成为支配着社会前进方向的关键环节。显而易见的是，垄断资本集团之间、帝国主义国家之间的矛盾是居于决定地位的矛盾。当帝国主义的争霸演变为惨烈的世界大战，矛盾的尖锐程度达到顶点，一方面令劳动人民的苦难达到无法忍受的程度，同时令被垄断资本收买的工人贵族彻底暴露出来，在反抗帝国主义的共同要求下，被压迫民族成为无产阶级的同盟军；另一方面也大大削弱了帝国主义本身的力量，从而有可能从最薄弱的环节入手，找到革命的突破口。列宁正是基于这样的认识，认定俄国是各种矛盾集中爆发的场所，是"帝国主义最薄弱的链条"，因此社会主义有可能首先在一国（实际上指的就是俄国）取得胜利。

3.列宁逝世后苏联共产党关于苏联社会矛盾问题的论争

1924年1月21日，列宁逝世，联共（布）党内围绕一系列理论和路线问题爆发了严重的斗争，最终斯大林击败了反对派，取得了胜利。1936年，苏联宣布"建成社会主义"。列宁逝世后联共（布）的党内斗争，在理论层面上就是围绕如何认识苏联社会的主要矛盾状况这个问题展开的。

列宁逝世后，联共（布）党内首先爆发的是斯大林同托洛茨基的斗争，"一国建成社会主义"问题是双方分歧的焦点所在。换句话说，托洛茨基认为主要矛盾是包括苏联无产者在内的世界无产阶级和世界资产阶级的矛盾，而斯大林则认为主要矛盾是苏联内部无产阶级和资产阶级的矛盾。击败"联合反对派"后，斯大林和布哈林之间的分歧开始加剧，从盟友变为政敌。斯大林认为这时苏联的主要矛盾已经是苏联工人阶级政权和富农以及"耐普曼"的你死我活的阶级斗争，布哈林则认为苏联关键是要解决落后的生产力发展水平同社会需要之间的矛盾。由于苏联是人类历史上第一个面对进行社会主义建设问题的国家，所以列宁逝世后联共（布）党内的论战，无论其理论意义还是实践意义，都是极为深远的，甚至到当今也是值得详加讨论的重大问题。论战的各方虽然没有使用"主要矛盾"或"主要矛盾的主要方面"等概念，但实际上就是运用马克思主义的矛盾分析法，围绕着对世界资本主义和苏联社会主义建设的主要矛盾的研判而展开的。1936年，在历经约两个五年计划以后，斯大林在全苏苏维埃第八次非常代表大会上宣布苏联社会已经基本实现社会主义，建立了社会主义制度，这不仅意味着苏联的社会主义建设取得了极大成就，更意味着为"什么是社会主义，怎样建设社会主义"确定了一整套现实标准，并在此后数十年一直影响着国际共产主义运动。

二、中国共产党人对社会主要矛盾认识的不断深化

中国共产党成立至今的100多年来，在推进中国式现代化、谋求实现中华民族伟大复兴的过程中，从幼年走向成熟，从领导中国新民主主义革命、社会主义革命到组织全面进行社会主义建设，再到实行改革开放，某种意义上说就是一个不断寻求正确认识并成功解决中国社会主要矛盾的探索

过程。既然是探索，那么难免会有偏差、有失误；也会有总结经验、纠正错误。总的来看，回顾百余年历程，中国共产党在中国社会发展的各个阶段正确地把握并很好地解决了主要矛盾，从而引领全国人民取得了一个又一个胜利，不仅丰富了科学社会主义的实践，也为马克思主义的社会矛盾学说作出了原创性贡献。

（一）对半殖民地半封建社会矛盾情况的认识

近代中国是一个半殖民地半封建社会，中国新民主主义革命的任务就是解决帝国主义和中华民族的矛盾、封建主义和人民大众的矛盾，实现国家独立、人民解放，只有如此才能为中国的现代化建设创造最根本的前提，这是中国共产党人根据马克思列宁主义认识中国社会而得出的科学判断，也是已经被实践证明正确的真理性结论。在新民主主义革命时期，由毛泽东主要总结并发展的马克思主义矛盾分析法，成为中国共产党人把握社会发展规律的有力思想武器。

作为一个曾创造辉煌古代文明的国家，中国持续吸引着世人的注意力，马克思、恩格斯、列宁都对中国有过专门关注。中国共产党正式成立以前，中国马克思主义者就已经开始了对中国社会性质的讨论。中国共产党的早期领导人基本延续了马克思、恩格斯、列宁的思路，普遍意识到帝国主义列强是中国革命的主要敌人。1922年,中国共产党第二次代表大会发布的《中国共产党第二次全国代表大会宣言》运用马列主义关于民族殖民地的理论,对中国社会进行了分析。由于《宣言》提出了联合打倒列强、除军阀,实现中华民族的独立,建立民主共和国等七条"最低纲领",实际上已将中国同典型的资本主义社会区别开来。

1927年蒋介石、汪精卫集团背叛革命,点燃了中国共产党内关于中国社会性质的激烈争论。一方面,受到托洛茨基观点影响的陈独秀及其支持者(被称作"托陈取消派")认为民主革命阶段已经结束,中国已经是一个资本主义社会。陈独秀批评当时的党中央过高估计了封建势力,未能看到南京政府代表的资产阶级已经成为革命的主要敌人。另一方面,当时的党中央领导人对陈独秀和其他托派成员的错误观点进行了批判。1928年在莫斯科召开的党的六大明确了中国的革命性质仍然是"资产阶级性的民权主义革命",目前政权的性质是"地主军阀买办民族资产阶级的国家政权",提出了推翻帝国主义和实行土地革命两大任务。但是,这些反驳对于一些关键问题,例如对中国资产阶级的分析和对待态度,例如既然中国的资产阶级已经成为反动派,那么为何中国的革命仍然是"资产阶级革命"等并没有作出更深刻的答复。

1931年"九一八"事变后,日本军国主义逐渐成为中华民族所面临的第一大直接威胁;与此同时,在国民党反动派的"围剿"下,中共中央被迫实行战略转移。正是在这双重危机之下,中国共产党完成了从幼稚到成熟的转变。由毛泽东主要开创的新民主主义理论,对中国的社会性质和主要矛盾作出了清晰的科学界定,成为中国共产党走向理论成熟的一大重要标志和成果。1939年12月创作的《中国革命和中国共产党》第一次提出了新民主主义的概念,明确了中国是一个半殖民地半封建社会,列出了这个社会的六大特点,这就否定了中国是封建社会或资本主义社会的错误论断。文章指出半殖民地半封建社会的主要矛盾,是"帝国主义和中华民族的矛盾,封建主义和人民大众的矛盾,……而帝国主义和中华民族的矛盾,乃是各种矛盾中的最主要的矛盾"。正是以这些基本矛盾为基础,中国革命运动才得以发生和发展,这些矛盾的彻底解决,将使中国成为一个新民主主义社会,建立起各革命阶级的联合专政。文章还对如何看待中国的资产阶级作出了回答,将中国资产阶级的上层称为"带买办性的大资产阶级"同其他部分(即被称为"民族资产阶级"的部分)区别开来,划为中国革命的对象。这一关键区分完全走出了如何解释"没有资产阶级的资产阶级民主革命"的理论困境,使得中国革命的历史脉络得以清晰地呈现。

中国的半殖民地半封建社会从1840年算起到1949年结束，共持续了100多年的时间，这一百多年之中同样也经历了"总体量变的部分质变"，即若干更具体的发展阶段，而这些小的发展阶段，明显也是有各自的主要矛盾的。因此，如果要认真探讨半殖民地半封建社会的主要矛盾，只认识到帝国主义和中华民族、封建主义和人民大众的矛盾是不够的，还应该对其中的各个发展阶段的主要矛盾作分析，这样才能更加正确地理解中国社会矛盾理论的关键所在。

（二）对"过渡时期"主要矛盾的认识

1949年至1956年的中国社会，是中国从半殖民地半封建社会向社会主义社会前进的阶段，它不是资本主义社会，也不是理论描述的"新民主主义社会"。中国共产党经过充分讨论和研究，对"过渡时期"的主要矛盾作出了正确的判断。

1949年新中国成立前夕，党内对于应该首先经过一个时期的新民主主义社会，然后再过渡到社会主义社会，是有普遍共识的。在党的七届二中全会上，毛泽东所作的报告已经预料到，在取得全国胜利、解决土地问题后，中国还会存在两个基本的矛盾：工人阶级和资产阶级的矛盾，以及帝国主义国家和中国的矛盾。不过，新中国成立后一系列事件的发生，使毛泽东和中共中央对形势的判断出现了变化。一是国民经济的迅速恢复。从1949年至1952年底，整个国民经济基本得到全面恢复，发展迅速。1952年工农业总产值达到810亿元，平均而言，当年工业生产超过旧中国历史最高水平23%；粮食、棉花、生猪、大牲畜等产量都超过了此前的最高年产量。二是社会的深刻变革。人民政权先后完成了镇压反革命、没收官僚资本和土地改革，使国家掌握了国民经济的命脉，实现了"耕者有其田"的承诺，推动建立汉族和少数民族的平等团结关系，彻底废除了半殖民地半封建社会的不合理秩序。三是资产阶级的反抗。1949年至1950年，先后发生了以上海为主战场的"银元之战"和全国性的"米棉之战"，这两场经济战，都是资产阶级投机分子在反共势力的煽动下，同人民政权进行的争夺经济领导权的斗争，充分验证了毛泽东关于民族资产阶级两面性的判断。1951年底至1952年初，新中国又发起了"三反""五反"运动，矛头直指资产阶级不法分子和贪污腐化的党政干部，这些事件都表现出，劳动人民和民族资产阶级之间的矛盾变得愈加严重起来，不得不引起毛泽东和党中央的重视与思考。

一旦将无产阶级和资产阶级的矛盾看作是主要矛盾，就必将造成党的首要任务从组织经济建设转为消灭资产阶级，

第一章
中国式现代化与社会主要矛盾理论的探索

从而彻底改变先前"先建设后改造"的设想。1953年6月，经过深思熟虑的毛泽东在中共中央政治局会议上作了长篇讲话，对过渡时期的基本问题进行了回答："从中华人民共和国成立，到社会主义改造基本完成，这是一个过渡时期。党在过渡时期的总路线和总任务，是要在十年到十五年或者更多一些时间内，基本上完成国家工业化和对农业、手工业、资本主义工商业的社会主义改造"；同时明确指出"要把资产阶级看成是一个敌对阶级，不这样看就要犯错误"。这说明不论方法如何，毛泽东对资产阶级的方针已经从"限制"转到"消灭"。

对于如此巨大的路线调整，党内是有过不同意见的，关于"新富农"问题和新税制问题，就是它的具体表现。"新富农"问题，指的是在土地改革重新分配土地，农民生活水平普遍提高的情况下，一小部分农民开始购买大牲畜、雇佣长工，成了富农；而一些农民因为天灾疾病等种种原因出现了生活水平下降，甚至出卖土地和给人打工，这些情况尤其在东北等实行土改较早的地区更为明显。另外，一些农村党员觉得地种得好，买的牲口多了，要雇工，这就产生剥削了，就得退党；而更多的党员根本弄不清楚党员能不能雇工。对于这种情况，党内出现了两种不同的观点。一种观点认为，没有工业化和机械化的支持，单凭合作社、互助组不可能实现向社会主义的过渡；不过，毛泽东认为在暂时没有农业机械的情况下，依靠互助组、合作社将农民组织起来，兴修农田水利建设，也能够解放生产力。在当时，相关负责人认同了毛泽东的主张，并作了自我批评。新税制问题，则是由于1952年12月31日公布的关于修正税制的通告和《人民日报》的社论，其中提到："修正了的税制继续保持公私一律平等纳税的原则。……从税收上体现了公私企业同等待遇。……使得国营商业、合作社与私商完全处在同等待遇之下。"毛泽东点出"公私一律平等纳税"是违反党的七届二中全会决议的，让资本家叫好拥护，并将之上纲为"右倾机会主义"这样极为严重的路线错误。

从"新富农"问题和新税制问题这两件事上可以看出，当时党内对于新中国发展的战略，存在着两种看法，实际反映了对当时社会主要矛盾的两种不同判断。一种看法是仍然按照此前的先进行一个"新民主主义社会"的建设时期，然后才实行从新民主主义向社会主义的过渡；一种看法是以毛泽东为代表的主张一边进行工业化，一边即刻开始实行社会主义过渡。对于前者，是认为主要矛盾在于在"新民主主义社会"的生产关系基本稳定不变的前提下，发展社会生产来满足人民需要，以便早日达到一个较高的水平，从而向社会主义过渡；对于后者，是认为主要矛盾是无产阶级和资产阶级的斗争，目的在于通过合适的方式（逐步，和平赎买等）消灭民族资产阶级，完成社会主义革命。因此，自然就导致了毛泽东在这两个问题上对相关负责人的批评，也就有了他在1953年6月党中央政治局会议上对"确立新民主主义秩序""由新民主主义走向社会主义""确保私有财产"这三句话的批判。最终全党统一了思想，沿着过渡时期总路线提前完成了社会主义改造。这样，在1956年，中国便跨过了社会主义社会的门槛。

（三）社会主义改造完成后社会主要矛盾的认识

1956年9月底，中国共产党第八次全国代表大会通过关于政治报告的决议，正式宣告中国的社会主义改造已取得决定性胜利，中国无产阶级同资产阶级之间的矛盾已基本解决，基本建立了社会主义的社会制度。至今，中国一直是处于社会主义初级阶段，对于这60多年的发展历程而言，中国共产党人处于认识社会主义初级阶段不同时期社会主要矛盾的持续探索之中。

1.党的八大的判断

1956年召开的党的八大，被认为是中国完成社会主义革命、进入社会主义初级阶段的起点。也正是在这次大会上，以决议的形式对社会主义建设时期的主要矛盾作出了表述:"我们国内的主要矛盾,已经是人民对于建立先进的工业国的要求同落后的农业国的现实之间的矛盾,已经是人民对于经济文化迅速发展的需要同当前经济文化不能满足人民需要的状况之间的矛盾。这一矛盾的实质,在我国社会主义制度已经建立的情况下,也就是先进的社会主义制度同落后的社会生产力之间的矛盾。"不过,党的八大关于社会主要矛盾的表述很快被否定了,对它的理论分析没有更加展开。就毛泽东本人而言,几乎是在八大决议公布的时候,他已认为这一对社会主要矛盾"实质"的表述是很不合适的。而这种对社会主要矛盾的表述是在党的八大闭幕前夕,由负责起草政治决议的陈伯达提出,并同康生、胡乔木共同匆匆商定之后,找到毛泽东确定的,而在那种紧张的状态下,对于这句话的理论思考并不十分成熟,而提出者陈伯达的主要依据只是列宁文章《落后的欧洲和先进的亚洲》之中的部分论述。毛泽东在党的八大政治报告决议通过后仅两个星期左右,就向陈伯达、胡乔木表示了不同意见。1957年10月,毛泽东谈道:"八大决议的那句话是不适当的,但也没有坏处,它不妨碍生产,不妨碍反右派等。同时它也反映了一个要求,要求加强物质基础(和外国比较,我们是很落后),那句话并非专门从矛盾这个范畴来讲的。"可以看出毛泽东不仅注意到这种提法会被人们认为中国的生产力和生产关系并不相适应，而且还意识到把"先进的将来"同"落后的现在"比较是存在问题的，他更倾向于把中国和外国相比，也就是以美苏等当时居于世界前列的发达国家为参照。这样一来，八大所定之"主要矛盾的实质"就被否定了。

事实上，从1956年至今，中国就是在分步骤地解决八大所提的主要矛盾。1956年至1978年，虽然在探索中出现了一些偏差，但在中国共产党的领导下，还是顺利地完成了八大所提出的任务——建成一个完整的工业体系和国民经济体系。1956年至1978年中国的社会主要矛盾，在实际上就是党的八大决议表述里的第一句话——人民对于建立先进的工业国的要求同落后的农业国的现实之间的矛盾。

2.党的八大二次会议的判断

1958年，中国共产党第八次全国代表大会第二次会议通过了刘少奇所作的政治报告，认可了报告中所作出的"在整个过渡时期，也就是说，在社会主义社会建成以前，无产阶级同资产阶级的斗争，社会主义道路同资本主义道路的斗争，始终是我国内部的主要矛盾"的判断。这个表述不仅完全改变了八大对主要矛盾的结论，而且更是将中国社会的性质称为"社会主义社会建成以前的过渡时期"。如此的转变不可谓不大。此后的二十年，中国共产党一直维持着"两个阶级，两条道路"的斗争是主要矛盾的认识，直到1978年党的十一届三中全会抛弃以阶级斗争为纲,才开始切实地加以纠正。

毛泽东和党中央在时隔不到两年就作出如此重大的认识改变,当然是有十分复杂的原因。1957年4月,中共中央开始实行整风,目的是普遍深入地反对官僚主义、宗派主义、主观主义,通过批评和自我批评,在新的基础上达成新的团结。然而,随着整风的深入,社会上出现了很多直指中国共产党领导地位、抨击社会主义基本政治制度的偏激的甚至是错误的言论,引起了毛泽东和党中央对形势判断的变化。5月15日起,毛泽东开始写作一篇意义深远的文章《事情正在起变化》,标志着整风向着"反击右派的猖狂进攻"转变。6月8日,《人民日报》在头版发表《这是为什么?》的社论,标志反右派斗争的全面发动。

在运动期间,毛泽东对于无产阶级和资产阶级斗争问题的思考更加深入,从而改变了党的八大的结论。在1957年6月19日发布的、经过多次修改的《关于正确处理人民内部矛盾的问题》之中,毛泽东提出在意识形态方面"社会主义和资本主义之间谁胜谁负的问题还没有真正解决"而且需要相当长的时间来解决的结论,社会主义改造仅仅基本解决了所有制方面的胜负问题;一个月后,毛泽东的思想又有了发展,他将反右派斗争视为"一个在政治战线上和思想战线上

第一章
中国式现代化与社会主要矛盾理论的探索

的伟大的社会主义革命。……必须还有一个政治战线上和一个思想战线上的彻底的社会主义革命"。毛泽东估计根本上完成这个目标，还需要十年到十五年，只有那时才能说是根本上建成了社会主义。9月19日，毛泽东在中共中央政治局扩大会议上发表讲话，第一次在社会主义改造基本完成后谈到了过渡时期的主要矛盾问题，表示工人阶级与资产阶级的矛盾、社会主义与资本主义的矛盾是整个过渡时期的主要矛盾；在紧接着召开的中共八届三中全会上，毛泽东多次讲到主要矛盾问题，在闭幕会上更是用"毫无疑问"来予以肯定。这标志着毛泽东对于中国社会性质和主要矛盾的判断已经明确并定型，并在1958年的党的八大二次会议于程序上正式规定下来。

概括来看，毛泽东和党中央之所以会对中国国情的判断作出如此巨大的调整，归根结底在于当时对国内形势进行预判，在于对过渡到社会主义的含义有了不一样的认识。一方面，中苏关系的改变和恶化，国内反右派斗争的扩大化，以及党内所发生的一系列事变，都让毛泽东认为资产阶级的思想意识形态不仅仅是"残余"，而是在社会上有着相当的影响力，更是在党内引起了路线斗争，成为需要重点解决的主要问题。另一方面，毛泽东扩大了对社会主义革命和过渡时期的理解，提出了在经济、政治、思想战线都消灭资产阶级，即完成社会主义革命，这才是真正建成了社会主义。

3.党的十一届六中全会的判断

1978年，党的十一届三中全会将党的工作重心转移到经济建设，否定了"以阶级斗争为纲"的错误路线。不过，对于要如何全面总结新中国成立以来的历史经验和教训，全党全社会还没有立刻达成共识。在解放思想的号召下，全国各界对中国社会性质和主要矛盾十分关心，并且展开了讨论，出现了几种不同的主张。一种观点继续坚持毛泽东晚年的认识，认为中国仍然处在过渡时期，或者认为社会主义就是指的过渡时期，主要矛盾还是"两个阶级、两条道路"的矛盾，这显然是已被证明为错误的主张。多数学者认为中国已经进入了社会主义社会，但对于何为主要矛盾存在着分歧，主要有人民内部矛盾是主要矛盾、生产力和生产关系—经济基础和上层建筑既适应又不适应的矛盾是主要矛盾、社会生产和人民需要的矛盾是主要矛盾，等等。

在党内，邓小平等中央领导人也对社会主要矛盾问题进行了探讨。1979年3月底，邓小平在党的理论工作务虚会上专门谈道："我们的生产力发展水平很低，远远不能满足人民和国家的需要，这就是我们目前时期的主要矛盾，解决这个矛盾就是我们的中心任务。"6月，华国锋在第五届全国人民代表大会第二次会议上所作的政府工作报告中对社会主要矛盾作了一个公开的表述："在本世纪内实现四个现代化，把我国目前很低的生产力水平迅速提高到现代化水平，为此而改革我国目前生产关系和上层建筑中那些妨碍实现四个现代化的部分，扫除一切不利于实现四个现代化的旧习惯势力，这就是我国现阶段所要解决的主要矛盾，也就是全国人民在现阶段的中心工作。"不过，这个表述更像是在描述主要任务，而并没有更加清晰地展现出矛盾的两个方面，也没有更进一步地加以解释。

1981年，党的十一届六中全会通过的《关于建国以来党的若干历史问题的决议》正式确定了今后30多年一直沿用的社会主要矛盾表述：人民日益增长的物质文化需要同落后的社会生产之间的矛盾。在1987年党的十三大作为社会主义初级阶段理论的核心组成部分，并对矛盾的两个方面进行了详细的解释。到党的十九大以前，社会主义初级阶段理论和对社会主要矛盾的判断，有了进一步的丰富，不过总的表述一直保持稳定。为改革开放事业的持续推进打下了牢固的理论基石。

4. 党的十九大的判断

2017年，中国共产党第十九次全国代表大会对中国的历史方位和主要矛盾作出了新的重大判断。2012年党的十八大以来，中国特色社会主义进入新时代，社会主要矛盾转化为人民日益增长的美好生活需要和不平衡不充分的发展之间的矛盾。解决好这个主要矛盾，成为党在新时代的最主要任务。

这次社会主要矛盾的转化，实事求是地说，引发了很多值得进一步深入探讨的理论问题。在党的十九大以后，国内外各界对社会主要矛盾的变化有着极高的关注，尤其是对新时代和主要矛盾转化的关系，社会主要矛盾转化的理论、实践、历史逻辑和依据，社会主义初级阶段和社会主要矛盾转化的联系，等等。要充分理顺并清楚认识这些重大的理论与实践问题，必须从马克思主义关于社会矛盾的学说之中，从国际共产主义运动和中国共产党人把握不同时代、不同国家主要矛盾的历史探索之中，更要从对于当前中国和世界的新形势新变化之中去寻找答案。

三、新时代中国社会主要矛盾转化的理论阐释

从马克思、恩格斯，到列宁和苏联共产党人，再到中国共产党对社会矛盾学说的研究、运用和完善，令马克思主义关于社会矛盾的学说逐渐成为一套具有严密思想逻辑的完整体系，它是由处于不同时代、不同国家的共产党人在探索社会主义革命、建设、改革之路的历史过程中完善起来的。要

第一章
中国式现代化与社会主要矛盾理论的探索

理解新时代中国社会主要矛盾转化及其内涵的理论逻辑，必须对马克思主义的社会矛盾学说进行历史的把握。

（一）社会主要矛盾是社会基本矛盾的集中体现

社会主要矛盾是社会基本矛盾在特定历史发展阶段的集中体现，即社会基本矛盾运动在该领域或范围之中相对而言表现得最突出、最尖锐，在复杂的各类矛盾运动之中居于统领地位，反映了该时期的客观要求，决定着社会的发展方向。

1. 特定社会的基本矛盾是人类社会基本矛盾的具体化

总的看来，在马克思、恩格斯的著述中，他们对于两个涉及社会矛盾方面的大问题进行了讨论，一个是人类社会基本矛盾，另一个是资本主义基本矛盾，唯物辩证法则是他们所运用的哲学方法论。显而易见，既然有资本主义基本矛盾，就至少也应该有封建社会基本矛盾，奴隶社会基本矛盾等特定社会的基本矛盾，而人类社会基本矛盾和特定社会的基本矛盾之间是存在着联系的。

从马克思、恩格斯的论述中不难看出，人类社会基本矛盾和特定社会的基本矛盾并不处于同一层次，人类社会基本矛盾更为一般和抽象，特定社会的基本矛盾则更为特殊和具体。接下来将以资本主义基本矛盾为例，对二者的关系进行

53

讨论。

一方面，人类社会基本矛盾的作用范围时间跨度更广，贯穿于人类社会从低到高演进的始终，更具有"一般性"和"基本性"。人类社会基本矛盾，是马克思、恩格斯从人类社会产生至今所能掌握的全部历史之中抽象出来的一般性结论，它同时又可以被人类学、考古学、历史学的新研究、新发现所不断检验，是一种科学的总结和具体的抽象。一是社会基本矛盾在阶级社会起作用。在马克思、恩格斯的论证中，使用了大量的历史材料，他们在《德意志意识形态》《共产党宣言》等著作中，详细地用社会基本矛盾理论解释了阶级社会——奴隶社会、封建社会、资本主义社会的演进路径和原因，揭示了资本主义必然被社会主义、共产主义所取代的历史规律。二是社会基本矛盾在原始社会起作用。马克思、恩格斯在摩尔根等人对原始社会的研究基础上，论证了前阶级社会也服从于社会基本矛盾的运动规律。恩格斯在《家庭、私有制和国家的起源》中表达了他和马克思并不是发明了一种历史观，而是对客观历史规律的一种揭示，因此摩尔根的历史研究才能得到相同的结论。三是社会基本矛盾在社会主义、共产主义社会起作用。毛泽东论述了社会主义、共产主义社会同样受社会基本矛盾的支配，破除了认为社会主义、共产主义社会没有矛盾的错误认识。对于社会主

第一章
中国式现代化与社会主要矛盾理论的探索

义、共产主义社会是否还存在社会基本矛盾,它们的前进动力是否还是由矛盾所推动的,马克思、恩格斯并没有给出明确的回答,但在《哥达纲领批判》谈到共产主义社会的两个阶段时,其实已描述了生产关系和生产力发展仍然存在着矛盾。1957年,毛泽东在《关于正确处理人民内部矛盾的问题》中明确指出:"在社会主义社会中,基本的矛盾仍然是生产关系和生产力之间的矛盾,上层建筑和经济基础之间的矛盾。"它们仍然是推动社会主义社会前进和发展的动力,恢复了马克思主义的科学观点。

另一方面,相对于人类社会基本矛盾而言,特定社会的基本矛盾,其作用范围只是其相对应的那种社会形态。如果说社会基本矛盾是人类社会不同发展阶段的"一般性"和"共性",那么特定社会的基本矛盾就属于"特殊性"或"个性"。要把握人类社会基本矛盾和特定社会的基本矛盾,必须要同时弄清楚人类社会及其各个具体的发展阶段的关系。马克思、恩格斯主要分析了资本主义基本矛盾,生产社会化和生产资料资本主义私有制的矛盾,实质上是资本主义时期的生产力同生产关系之间的矛盾;换句话说,就是生产力和生产关系的矛盾在资本主义社会的具体化。将各个发展阶段互相区分开的,主要就是不同阶段之下有着不同性质的社会生产方式。从生产力的角度,马克思就有过"手推磨产生的

55

是封建主的社会，蒸汽磨产生的是工业资本家的社会"的名言；从生产关系的角度，则有生产资料的公社所有制、奴隶占有制、封建土地所有制、生产资料资本主义私有制、社会主义公有制，等等。同理，包括资本主义社会在内的各个不同的社会形态，其内部也会有不同的发展阶段，这些更细分的历史时期的"基本矛盾"相对于那个社会的基本矛盾而言，当然也是特殊与一般、个性和共性、具体与抽象的关系。马克思、恩格斯设想共产主义会经历低级阶段和高级阶段，列宁明确将共产主义的低级阶段称为社会主义社会，而在中国的实践中又出现了半殖民地半封建社会、新民主主义社会、社会主义初级阶段等历史时期的界定与划分。这些历史时期的"基本矛盾"互相之间有着较大的区别，已不一定突出生产力和生产关系之间的矛盾了，更多的可能突出的是生产关系这一方面内部的某个方面，或者是经济基础同上层建筑之间的矛盾，甚至是上层建筑内部的某个方面。出现这种情况是由于越接近现实，那些被抽象掉的因素必须被重新考虑，使分析对象越来越复杂，社会基本矛盾的运动，一定会时而通过这个领域或方面，时而通过那个领域或方面表现出来。绝不能将社会基本矛盾公式化、教条化，把一切问题都"还原"为经济问题或生产力问题。

从覆盖范围上看，人类社会基本矛盾和特定社会基本矛

第一章
中国式现代化与社会主要矛盾理论的探索

盾也是有区别的。人类社会基本矛盾是对人类社会高度概括的描绘。人类社会基本矛盾包含着生产力、生产关系—经济基础、上层建筑所构成的两组矛盾、三个方面，它们共同组成社会的基本结构，基本上高度抽象和概括地描述了人类社会的全貌。特定社会基本矛盾一般并不能覆盖其所对应社会的各个方面。例如，资本主义基本矛盾主要描述的是资本主义条件下生产力和生产关系的对立统一关系，强调的是生产力方面的社会性与生产关系方面的资本主义的占有方式的矛盾，并没有直接覆盖到资本主义国家机器和意识形态，也没有包含供给与需求，资源配置方式等重要方面。资本主义基本矛盾是这些领域矛盾的根源，同它们之间是因果关系，是资本主义基本矛盾决定了生产、分配、交换领域矛盾的存在方式及质性特点。对于其他社会形态下的"基本矛盾"，也同样存在着这样的特点。

也就是说，对于奴隶社会、封建社会、资本主义社会这些比较具体的社会形态，采取高度抽象的概括已经难以对其进行十分全面的描绘。拿资本主义社会来说，它所包含的诸要素——两大基本阶级、资本主义精神、资产阶级专政、私有制市场经济、雇佣劳动关系等，都具有不能随意忽视的特殊性，这些要素彼此之间的相互关系和相互作用十分复杂。资本主义基本矛盾只有和那些诸般作为其在不同领域的"表现形式"的矛盾一起，才能说是比较全面地展示了资本主义社会的全貌。这一区别意味着各种特定社会的基本矛盾，同那些作为其"表现形式"矛盾之间的关系，并非一般和特殊、共性和个性、抽象和具体的关系，而主要是从功能上的决定与被决定的关系上去认识的。

综上所述，所谓"基本矛盾"的含义实际上包含着三层意思：一是基本矛盾之所以基本，是因为它在时间维度上有着普遍性，即贯穿于相应的社会从产生到灭亡的全过程，在其相对应的社会阶段的各个历史时期都存在。二是基本矛盾作为对相应社会本质内容的高度概括和一般结论，是一种"具体的抽象"。三是基本矛盾是指从功能上看对于社会发展进程起着根本的、统领的、决定性的作用的那一组或几组矛盾，体现的是其相对应社会的质的规定性。这样一来，不同社会形态中的基本矛盾，可以视为人类社会基本矛盾在时间维度上的"展开"和具体化；在一定意义上说，解决不同社会形态中的基本矛盾的过程，其实直接就是解决人类社会基本矛盾的过程。不过，同一社会形态内作为"基本矛盾的表现形式"的矛盾，并不一定就是这一社会形态基本矛盾的具体化，但它们却都受到基本矛盾的制约，基本矛盾是这些矛盾产生的总根源，解决这些矛盾，将为推动基本矛盾的解决创造条件，但解决这些矛盾并不一定等于直接解决基本矛盾，甚至在基本矛盾得到解决以后，这些作为"表现形式"的矛盾还会在一定范围、一定程度上延续一个时期。而同样不能忘记的是，要彻底解决作为"基本矛盾表现形式"的矛盾，只有在解决了基本矛盾以后才能实现，只要基本矛盾未得到解决，这些"表现形式"也就会一直存在。

2.基本矛盾与主要矛盾的概念辨析

毛泽东的著作《矛盾论》的发表，将马克思主义的矛盾理论向前推进了一大步，它使马克思主义的矛盾学说变得系统化、体系化，总结出内因和外因、矛盾的普遍性和特殊性、同一性和斗争性的辩证关系，正式提出了矛盾的不平衡性理论。

第一，毛泽东指出了事物之中的诸矛盾必会区分为主要矛盾和次要矛盾。现实存在的各种事物，其内部往往是包含多组矛盾的，而且各组矛盾之间有着相互关联的复杂运动；事物的发展不是从一个简单纯粹的矛盾运动演化出来的，而是一开始就是一个包括许许多多矛盾的复杂运动过程，只有一两组矛盾的简单化理论形态，是对具体的抽象，这就完全排除了唯心主义的影响，坚持了历史唯物主义的正确立场。毛泽东在中国革命的历史论据中得出结论："任何过程如果有多数矛盾存在的话，其中必定有一种是主要的，起着领导的、决定的作用，其他则处于次要和服从的地位。"在事物发展变化的过程中，主次矛盾也会发生转化，这就需要对事物进行准确的研究，把握矛盾的运动变化情况。只要抓住主要矛盾，问题就可以得到顺利的解决。

第二，毛泽东论述了矛盾发展的不平衡性，即矛盾的主次方面的思想。矛盾总是两个方面的既对立又统一，其运动往往是以不平衡为常态的。而矛盾的两方，在特定条件下，总有一方居于主要的、主导地位，另一方处于次要的、服从的地位，主导的一面被称为矛盾的主要方面。同样，二者的地位也会发生转化，这种变动会直接影响事物的性质，转化的原因则取决于斗争着的双方力量的增减状况。

第三，毛泽东举证说明了事物是如何在矛盾运动中发生"新陈代谢"即从量变到质变的。一切事物之内都存在着新和旧的矛盾，新的一方通过一系列曲折的斗争力量逐渐壮大，旧的一方则不断削弱并趋于灭亡，最终新的一方战胜旧的一方，从而取得支配地位的时候，旧的事物也就变为了新的事物。

第四，毛泽东讨论了如何看待关于生产力、经济基础的决定作用的问题。毛泽东明确表示，生产力对于生产关系、经济基础对于上层建筑绝不是任何时候都处在决定、支配的地位，这是一种机械的观点。要坚持辩证唯物论，就必须承认生产关系对于生产力、上层建筑对于经济基础具有反作

第一章
中国式现代化与社会主要矛盾理论的探索

用,也就必须承认,在一定条件下它们会发挥决定作用,成为矛盾的主要方面。需要既反对认为僵死不变的机械决定论,也反对不考虑差别的均衡论。

基本矛盾和主要矛盾,它们各自有着不同的含义,可以说,它们都是从不同的方面对于矛盾进行描述的概念,二者既有联系也有区别,不能完全等同或互相代替。某种意义上讲,它们描述的都是矛盾的特性。基本矛盾反映的主要是矛盾的普遍性和特殊性。其一,基本矛盾说明的是对于事物而言,它自始至终的演化都是受到矛盾支配的,内部矛盾是其变化的根本原因和动力;而该事物之所以区别于其他事物而存在,就是因为不同事物受到不同质的内在矛盾的支配。其二,基本矛盾还说明着事物的共同本质,例如人类社会基本矛盾,它就是通过对人类社会各个具体阶段的把握,从而抽象出来的一般结论。而且很显然,抽象和具体、普遍和特殊都是可以相互转化的。其三,基本矛盾同样体现着支配与被支配的关系,即矛盾的不平衡性,因为对于包含着许多矛盾的复杂事物而言,一个事物由其内在的基本矛盾所支配,就意味着这个事物所包含的其他矛盾是被支配的服从状态,否则它就可能变为其他的事物。但在进行质性分析时,矛盾演进的具体情形,往往更多体现事物的量的改变,所以基本矛盾的解决往往是寻找如何将旧矛盾消灭的方法,而不是研究矛盾之间如何变化或矛盾两个方面的力量对比情况。其四，基本矛盾的演化当然也有量变期和质变期，质变期意味着的是该矛盾的彻底解决，就是旧矛盾被新矛盾所取代，从而旧过程被新过程所否定。在量变期，基本矛盾的质性不发生改变，同矛盾双方何为主要方面何为次要方面无关。

主要矛盾偏重说明各矛盾之间以及矛盾之对立统一的两方，由于力量对比的变化，而产生的不平衡性。不过，主要矛盾的解决，可能引起量变，也可能引起质变，总是取决于事物发展的具体情况。

第一，根据毛泽东的分析，他提出主要矛盾的概念，旨在说明诸矛盾和矛盾双方的发展是不平衡的，通过分析这种不平衡，找到解决矛盾的方法，从而促成主次矛盾、矛盾主次方面的转化，实现新事物取代旧事物的革命过程。由于矛盾和矛盾之间、矛盾的这个方面和那个方面之间的力量强弱差别，必然会形成一方对另一方的支配，而且会由于力量的变化而发生地位的转换。

第二，主要矛盾的理论可以用来解释事物运动变化的原因，而且更适合直接运用于革命、建设和改革工作。因为社会的进步是质变和量变的统一，一个社会的历史跨度总是较长的，对社会性质作出质的规定的那些矛盾，也就往往长期处于相对稳定的状态；但它们同其他次要矛盾之间，以及矛盾内部双方的力量对比，却处于经常的变化之中，这就会引起多种矛盾相互交织的复杂社会现实里，总有一组矛盾成为主要矛盾，主要矛盾的一个方面为它的主要方面，为事物的性质作出规定。因此，化解了主要矛盾的主要方面，也就一定会推动事物的性质发生改变。

不过，这里所说的事物性质的改变，需要辩证地加以看待。毛泽东在《矛盾论》谈到矛盾特殊性时，说到了事物发展过程受到其"根本矛盾"所规定，只有根本矛盾被消灭，事物才会终结；而毛泽东将笔墨更多用在分析"根本矛盾"的发展上，因为"根本矛盾"以及受它支配的事物不是一下子就灭亡的，而是逐渐激化的。"被根本矛盾所规定或影响的许多大小矛盾中，有些是激化了，有些是暂时地或局部地解决了，或者缓和了，又有些是发生了，因此，过程就显出阶段性来。"毛泽东还论述了要注重从矛盾的两个方面对事物进行分析，这就是说，事物的发展是发生了量变还是质变，是相对而言的。从总体上看是量变的情况，到阶段上看来就成了质变。所以，认识事物必须坚持具体问题具体分析的方法。

综上所述，不论是基本矛盾和主要矛盾，都是对事物的矛盾运动规律及其特性的正确把握，同时各有侧重。一是基本矛盾强调对事物本质的规定，与"矛盾的表现形式"相对，反映的是现象与本质的范畴，毛泽东提出的"根本矛盾"的概念，同马克思、恩格斯、列宁所说的基本矛盾的意义相近；主要矛盾则与次要矛盾相对，更偏重描述矛盾之间的支配与从属关系。二是基本矛盾和主要矛盾虽然都体现出层次性，但在侧重上有不同。基本矛盾的概念更体现出层次性，即它处于更抽象、更一般的地位；主要矛盾也体现出层次性，可它同次要矛盾相比，并不必然就更接近本质，也可能都是作为"根本矛盾"的具体表现而存在的。三是从数量上看，基本矛盾在数量上可能不止一个，因为对于一个事物的质的规定，往往不能只依靠单独一个矛盾，而是由多组矛盾共同规定的，比如人类社会基本矛盾就不能只讲生产力与生产关系，而必须与经济基础和上层建筑并提才能完整说明；但主要矛盾在特定条件下却往往只有一个，其他矛盾对于它都处在从属的被支配地位。四是从矛盾的解决上看，基本矛盾的解决往往意味着事物本身的质变，而基本矛盾也随着事物的质变而消亡了；但主要矛盾的解决并不一定意味着矛盾本身的消亡，也可能会是它由于条件的变化而继续存在，只不过变成了次要矛盾。

3.社会主要矛盾概念的现实含义

如前所述，对社会主要矛盾的认识和把握，从国际共产主义运动一诞生就开始了；不过，对于社会主要矛盾理论的

第一章
中国式现代化与社会主要矛盾理论的探索

自觉应用，是在中国共产党领导的中国革命、建设和改革实践中实现的。

对社会主要矛盾理论的首次自觉运用是在新民主主义革命时期。把半殖民地半封建社会的主要矛盾定为帝国主义同中华民族的矛盾，封建主义同人民大众的矛盾，帝国主义和中华民族的矛盾又是各类矛盾中"最主要"的矛盾。这段表述将两组矛盾都确定为主要矛盾，而又把其中的一组矛盾说为最主要的矛盾。其一，中国共产党人从基本矛盾、"根本矛盾"的意义上来使用主要矛盾的概念。半殖民地半封建社会是帝国主义、封建主义和官僚资本主义三种既有紧密联系又有所不同的力量共同造成的，不能只用单独一个矛盾来进行描述。只有将帝国主义同中华民族、封建主义同人民大众两组矛盾并提，才能准确表述半殖民地半封建社会的质的规定性。其二，在这两组主要矛盾中，同样存在着主次矛盾的关系，帝国主义和中华民族的矛盾是其中的主要矛盾。帝国主义是造成中国半殖民地半封建社会局面的总根源，正是帝国主义对中国的入侵，造成了中国作为半殖民地的状态，以及在客观上推动了封建社会的瓦解和民族资本主义的发展，同时使得封建势力和官僚资产阶级成为帝国主义在中国的附庸，造成中国的半封建状态。其三，半殖民地半封建社会分成了若干发展阶段。起初，中华民族是在代表地主阶级的清政府领导下对抗帝国主义的入侵，这时帝国主义同中华民族的矛盾为主导；随着民族危机的深重，民族资产阶级领导下的人民大众同清政府的矛盾日益突出，它是封建主义和人民大众的矛盾的具体表现，这个时期发生了终结封建帝制的辛亥革命、袁世凯复辟和北伐战争。1921年中国共产党的成立标志着无产阶级成为革命的领导阶级，1931年以后，日本帝国主义同中华民族的矛盾逐渐上升为主要矛盾，封建主义同人民大众的矛盾降为次要矛盾。第二次世界大战结束后，人民大众同蒋介石代表的国民政府的矛盾成为主要矛盾，它又是封建主义同人民大众的矛盾的具体表现。1949年中华人民共和国成立，标志着两大矛盾的消除和新民主主义革命的胜利。

可以发现，帝国主义同中华民族的矛盾并不是任何时期都是主要矛盾，可它根本的、总体的决定作用却一直表现着。半殖民地半封建社会各阶段的历史变动，就是在解决两大主要矛盾的过程中展开的。可是具体到每一个发展阶段，居于主要矛盾地位的矛盾都不相同，具体表现形式也不一样。具体发展阶段主要矛盾的变化，并不影响帝国主义同中华民族的矛盾在半殖民地半封建社会总的历史时期的最主要矛盾的角色，反而可以视为是该矛盾运动的一个必经过程。事实上，封建主义同人民大众的矛盾，可以视为是帝国主义

第一章
中国式现代化与社会主要矛盾理论的探索

和中华民族矛盾的"中华民族"这一方面的一个内部因素，中华民族处于矛盾的主要方面，帝国主义往往采取间接统治和防守之势；帝国主义处于矛盾的主要方面，封建主义通常也会很强大，对革命力量进行打击，甚至采取帝国主义直接侵略的方式。

在过渡时期，毛泽东提出社会主义工业化建设和社会主义改造并举的战略，其实反映出他更看重要彻底变革社会生产关系，而不是要按照先经过一个生产关系大体不变的、主要发展生产力的时期。按照中国共产党在新中国成立前的设想，新中国成立后应该有一个新民主主义社会的建设时期，大概持续十五年左右，这期间并不实行公有化改造，而是保持国营经济、合作社经济、个体经济、民族资本主义经济、国家资本主义经济五种经济成分并存的基本生产关系相对稳定，进行工业化建设，发展生产力。若认可这种判断，事实上是认为在生产力和生产关系的矛盾之中，生产力会在这个时期处于主要方面。过渡时期的性质就是由资产阶级和无产阶级、资本主义和社会主义两个阶级、两条道路的斗争规定的。过渡时期主要矛盾运动情况相对简单明了，总体上无产阶级在整个过渡时期都处于矛盾的主要方面，这决定了过渡时期最终成为社会主义社会。同时，过渡时期的主要矛盾还反映了社会基本矛盾的运动情况。资产阶级和无产阶级的主要矛盾，反映的正是改变生产关系的客观要求，也就是认为生产关系是处在矛盾的主要方面，这在当时的历史背景下，基本上是符合实际的正确判断。

1956年党的八大把中国社会主要矛盾界定为"一个实质"和"两个表现形式"。"一个实质"是先进的社会制度同落后的社会生产力之间的矛盾，"两个表现形式"是人民对于建立先进的工业国的要求同落后的农业国的现实之间的矛盾，以及人民对于经济文化迅速发展的需要同当前经济文化不能满足人民需要的状况之间的矛盾。尽管八大的社会主要矛盾表述制定不久就受到质疑，但它表达了"两个表现形式"是受社会基本矛盾运动的情况所制约的观点。由于社会主义制度的建立，根本变革生产关系的任务已基本完成，生产力变为矛盾的主要方面，接下来就需要把发展经济作为主要的任务，改变生产力的落后状态。对于"一个实质"的理解，胡乔木在1956年11月曾有一个说明，其中说的生产力落后和社会制度先进，都是同国外相比。"我们的社会制度在世界范围内是先进的，但我们的生产力在世界范围内是落后的。"并不是说中国的生产关系和生产力的发展要求不相符，需要把生产关系"往后退""向后拉"，而是基本适合前提下的矛盾。改革开放以后，中共中央对八大对社会主要矛盾"两个表现形式"的表述给予了正面的肯定，但对于"一个实质"则不再提及。

中国生产力落后的具体状况，就是"两个表现形式"的内容，即中国还未根本改变农业国的面貌，人民生活水平还非常低，如此表述同样是有理论依据的。根据马克思主义政治经济学，社会资本的再生产可以划分为两大部类，第一部类为生产资料的部类，也就是不直接用于人民消费，而是作为物质生产条件的机器、厂房、原料等的产业部门；第二部类为生产消费品的部类，即生产供人民直接生活需要的各种产品。第一部类和第二部类分别对应重工业和轻工业。八大决议的社会主要矛盾的表述，先进工业国就是对应着发展重工业，经济文化迅速发展是大体对应着农业和轻工业，这同八大政治报告的内容也是一致的。

在分析完主要矛盾后，党的八大决议提出当前的主要任务是把落后的农业国变为先进的工业国，即实行优先发展重工业、同时不断提高人民生活水平的战略方针，以及建成一个独立完整的工业体系和国民经济体系的阶段性目标。这实际上是表明了，社会首先必须解决的主要矛盾，就是落后农业国的现实同先进工业国的发展要求的矛盾。胡乔木在1956年11月23日于社会主义学院作关于八大的报告时，也对社会主要矛盾作了说明："今天全国的人民要解决新的主要矛盾，这就是把中国从落后的农业国变成先进的工业国。"

1958年召开的中国共产党八大二次会议,对社会性质和社会主要矛盾都作了重大改变,它以党代会政治报告的形式,把中国社会性质的坐标重新定为过渡时期,社会主要矛盾也回到了"两个阶级,两条道路"的斗争。一方面,中国仍处在向社会主义的过渡时期,而不是社会主义社会;资产阶级和无产阶级的斗争,社会主义和资本主义的斗争,还没有根本决出胜负;在建立无产阶级专政、完成社会主义改造后,为防止资本主义复辟与"和平演变",必须把政治战线和思想战线上的社会主义革命进行到底。另一方面,中国共产党八大二次会议对社会主要矛盾的表述和此前不同的是,社会主义战胜资本主义,需要既在经济战线上战胜,也在思想意识上战胜,社会主义改造的完成标志着社会主义在经济上取得了胜利,可思想意识战线上谁胜谁负的问题还没解决,这是毛泽东从1957年"反右"以后直至去世一直认真思考并付诸实践的观点。中国共产党八大二次会议的社会主要矛盾表述,反映出的是在社会基本矛盾中,上层建筑成为矛盾的主要方面,必须完成"上层建筑领域的革命",才算是彻底打败资产阶级,完成社会主义革命。

1978年党的十一届三中全会以后,全国乃至世界都非常关注中国共产党将如何确定接下来的基本路线。要确定正确的路线,就必须弄清楚中国的国情,也就必须回答何为中

第一章
中国式现代化与社会主要矛盾理论的探索

国社会的主要矛盾,以及中国处于什么样的社会发展阶段。1979年邓小平在理论工作务虚会上提出,对于社会主义社会基本矛盾的表述还是沿用毛泽东在《关于正确处理人民内部矛盾的问题》中的说法比较妥当,他认为当前社会的主要矛盾,就是指当前时期全党和全国人民所必须解决的主要问题和中心任务。1981年《关于建国以来党的若干历史问题的决议》完整表述了社会主要矛盾,胡乔木在同年9月的一个学习班上表示,社会主要矛盾是一个时期迫切需要解决的那个问题,人民生活的需要和生产之间的矛盾确实一直都存在着,可它并不是一直都迫切地存在。胡乔木说:"我们现在要调整生产关系,是为着发展生产力,是为着满足人民生活上的需要,因此,满足人民生活的需要这是第一位……这两种性质的矛盾,就是一个主从的关系。"他还特别谈到绝不能将生产关系作为第一位的任务,否则就要重复过去的错误,过去就是一直认为生产关系不对,而不是把精力集中在发展生产力上;当前,"我们现在社会生产力的发展,并没有感受到我们现存的基本的生产关系、也即我们的社会基本制度是一种妨碍","我们现在不存在根本的生产关系和生产力之间的严重矛盾,不需要用一种新的生产关系来取代现有的生产关系"。胡乔木的补充,基本讲清楚了社会主要矛盾和社会基本矛盾的关系。

综上所述，关于社会主要矛盾的正确理解就是：社会主要矛盾就是特定历史阶段的最大限制性因素，也就是需要解决的中心问题，体现着社会基本矛盾的客观要求，是社会基本矛盾在特定社会发展阶段的集中体现。一方面，对一个社会的认识基本分为三个层次：首先从人类社会基本矛盾的方面，对生产力和生产关系、经济基础和上层建筑的状况作出总的判断，发现何为主要矛盾以及矛盾的主要方面所在；其次是对资本主义社会、半殖民地半封建社会、社会主义社会这样的相对更具体层面的社会形态的矛盾运动情况进行分析，发现确定社会性质的一组或几组主要矛盾，并认清这些矛盾的主次关系和主次方面。再次是对"主要任务"的认识，这个层级就更加具体，是当前时期最需要解决的中心问题，是对于社会发展最突出的那个限制阻碍因素，而这个层级，才是当前所说的社会主要矛盾的明确含义。另一方面，社会主要矛盾是社会基本矛盾在具体历史阶段的集中体现，它并不一定和基本矛盾有相同的质，但一定反映了在具体发展阶段推动社会基本矛盾得到解决的客观要求。在社会的发展中，人类社会的基本矛盾是居于最一般、最抽象的层次，特定社会的基本矛盾是人类社会基本矛盾的具体化，它反映了生产力和生产关系、经济基础和上层建筑矛盾的不平衡运动情况。越是接近具体现实，许多曾被抽象掉的因素就需要重新考虑，也就越不能只从总体上来看待生产力、生产关系—经济基础、上层建筑，而必须将它们具体化为更细分的方面，这些方面相互都存在矛盾，这就使矛盾状况彼此交织，变得颇为复杂。不过，在这其中总有一组或几组矛盾，规定着社会的根本性质，会在一个较长的时期起着规定的作用，对于这些矛盾的彻底解决总是意味着社会的质变，而其他的各种矛盾都处于被支配的从属地位，反映出它们发展变化的过程，因此称它们为这个具体社会的基本矛盾。而在这些基本矛盾走向激化的不同阶段，又会集中体现在这样的或那样的矛盾上。显然，对于人类社会基本矛盾、特定社会基本矛盾、社会主要矛盾来说，不论认识哪个层级，都需要在实践中经历多次反复的认识过程。

（二）中国特色社会主义进入新时代的基本依据

党的十九大对中国特色社会主义新时代的基本特征和现实意义作了全面的概括。前文已基本理顺并廓清了人类社会基本矛盾、特定社会基本矛盾和社会主要矛盾的概念及其关系，通过历史和理论的分析，明确了社会主要矛盾的含义。

1.社会发展阶段与社会主要矛盾的关系

人类社会的发展是一个从低到高的自然历史过程，这个漫长的过程必然会经过若干发展阶段，而每个发展阶段之间还存在着过渡阶段，其内部往往又会经过多个历史时期。不过无论如何，社会发展可以依据一定的标准，在时间上、层级上划分为若干阶段。

要对社会发展阶段进行划分，首先要做的就是明确标准，从国际共产主义运动史和中国共产党的历史上看，对于人类社会的划分经常采用社会形态、发展阶段和历史时期三个层级：社会形态层级，就是主要按社会生产关系情况进行划分的原始社会、奴隶社会、封建社会、资本主义社会、社会主义社会和共产主义社会，这个层级也并不排斥某些过渡的情况，比如半殖民地半封建社会、新民主主义社会这样的特殊形态；从资本主义社会向社会主义社会之间的社会主义过渡时期，也会因所处具体历史条件和国家民族特点而有所不同，但从层级上来说都是一样的。发展阶段层级，就是包含于各种社会形态之内的各阶段，比如资本主义社会就可以划分为自由竞争资本主义和垄断资本主义—帝国主义阶段；社会主义社会就可以划分为社会主义初级阶段和更高阶段。在这些发展阶段之中，还包含着更小的分期，可以称之为"历史时期"。例如中国的半殖民地半封建社会，就可以划分为旧民主主义革命和新民主主义革命两个阶段，这是按照革命领导阶级的不同为标准的；在新民主主义革命阶段，又有国民革命时期、土地革命时期、抗日战争时期和解放战争时

第一章
中国式现代化与社会主要矛盾理论的探索

期。在社会主义初级阶段,目前看来也包括着多个历史时期。应该注意,不管哪个层级的阶段划分,都不是在任何民族都要按次序经历的僵死的过程,而是有飞跃也有延迟;还要提出的是,在每个层级,其阶段划分的标准也不是完全相同的。

结合此前对于社会矛盾的分析可以得出,社会发展阶段划分的依据,实际上就是在讨论规定了这个阶段的质的那些因素,也就是主要地由这个阶段的主要矛盾及其运动情况来规定的。社会形态的更替,是生产力和生产关系的矛盾发展的结果。生产力和生产关系、经济基础和上层建筑的社会基本矛盾运动情况,是社会形态变更的内在原因。生产力是时刻处于变动的方面,它发展到一定阶段会同生产关系发生矛盾的激化,也就是到了只有根本变革生产关系才能推动生产力发展的时段,生产关系就成了矛盾的主要方面。此时,要改变生产关系—经济基础,往往又必须借助国家政权和意识形态的杠杆,也就是上层建筑的作用,所以在某个时期,上层建筑又会成为矛盾的主要方面,这时往往是阶级斗争和革命运动的高潮和决战时刻。当新的阶级夺取了政权,它就会按照自己的意志对社会进行改造,消除旧的生产关系和上层建筑并代之以新的,从而消除生产力和生产关系的紧张状况,生产力又成为矛盾的主要方面。作为社会形态之中的社会发展阶段，它的变动以社会形态的相对不变为前提，属于量变范畴。发展阶段的变化原因，一般是该阶段的基本矛盾主要方面的内部因素决定的。对于社会发展阶段中的更小的历史时期，它的层级就更为具体，这些时期同样是量变和质变的统一。另外，人类文明由于地域和历史文化的差异，大体上按民族国家而形成了相对独立的社会。虽然从地理大发现以来，特别是20世纪90年代开启了经济的全球化，世界各地的联系日益加强，可民族国家的基本格局并没有彻底改变，"国内"和"国际"的界限仍将长期存在，一个社会形态、发展阶段、历史时期的确定，必须考虑外部的、国际的因素。

总之，一个社会历史发展时期的确定，是多种因素综合的结果，但其中必然有若干因素发挥根本的规定作用，这些因素的内容就是相应时期的社会主要矛盾，社会主要矛盾和次要矛盾的地位变化，或者社会主要矛盾之主次方面的相互转化，或者是社会主要矛盾自身的某种演变，都可能造成社会性质的量变或质变，即有可能造成社会形态内部的发展阶段转变，也有可能只是更细分的历史时期的改变。外部国际环境通常作为重要的外因起作用，但有时会和内因发生相互转化，甚至成为决定社会性质的内部因素的一部分。归根结底，对于社会主要矛盾及其变化会造成社会性质怎样的改变，绝不能一概而论，要坚持具体问题具体分析。

2.新时代中国社会主要矛盾及其转化的理论释疑

党的十九大以后，社会各界总的共识是，新时代中国社会主要矛盾的转化是关乎全局的历史性变化，它是使中国特色社会主义进入新时代的一个基本依据，不过它的转化又是"总体量变的部分质变"，即并没有改变社会主义初级阶段，这个当前常被称为"变"与"不变"问题。

人民日益增长的物质文化需要同落后的社会生产的矛盾，是在1981年提出以来，被党的十九大之前的历次党的代表大会反复确认的中国社会主要矛盾，正是它转化成了新时代的社会主要矛盾。所以，正确理解这个矛盾，是明晰新时代中国社会主要矛盾含义及其转化依据的前提。

该矛盾作为社会主要矛盾的时间跨度，是1956年至2012年。对于起点，《关于建国以来党的若干历史问题的决议》载明是在社会主义改造基本完成以后，不过又对中共八大对社会主要矛盾的政治判断作了明确肯定，这就引起了一个问题，即八大表述和《历史决议》的新表述的一致性问题。前面已经分析过，八大的社会主要矛盾表述为"一个实质，两个表现形式"，"实质"对应的是生产力和生产关系的矛盾在社会主义时期的具体形式，"两个表现形式"则分别反映着进行生产资料生产的重工业和进行消费品生产的轻工业，还有为工业提供原料并满足人民消费的农业。《历史决议》的表述从形式上看起来和八大表述中的"人民对于经济文化迅速发展的需要同当前经济文化不能满足人民需要的状况之间的矛盾"相近，但如果从历史中去看，其实存在着差别。《历史决议》的表述同时包含了八大表述的三方面含义。一是"落后的社会生产"表明了八大表述中"一个实质"的主要意思，即中国生产力相对于世界而言很落后。二是"落后的社会生产"在语义上涵盖了农业、重工业和轻工业生产，而且还包括了生产的组织和管理方式等内容。三是"人民增长的物质文化需要"也具有八大表述中对于建设先进工业国和提高生活水平的含义，物质和文化两方面，反映了当时中国共产党人对社会发展和人民需要的认识水平，认为物质和文化需要是人民需要中最需首先满足的方面。因此可以说，《历史决议》表述是同八大表述的基本内容是一致的。要说区别的话，就是八大表述实际上更偏重于体现优先发展重工业的思想，而《历史决议》表述更强调尽快提高人民生活水平的要求。对于终点，社会主要矛盾的转化，很显然应是发生在对它作出正式表述之前，即不晚于2012年中国特色社会主义进入新时代的起点。

对于"落后"的理解问题，也是理解该矛盾的重要问题。"落后"是对中国当时社会生产状况的特征性描述，但

第一章
中国式现代化与社会主要矛盾理论的探索

它又是一个相对的概念,只有确定了相比较的参照系,才能具有确切的含义。1987年,党的十三大报告对中国经济社会的落后面貌作了描述,指出:"我们的社会主义是脱胎于半殖民地半封建社会,生产力水平远远落后于发达的资本主义国家";中国的经济发展总体状况是"人口多,底子薄,人均国民生产总值仍居于世界后列",并具体列举了农业、工业、城乡、区域、科技、文化等方面发展的严重不平衡,既有现代化的工业和比较发达的城市,也有全国近八成人口生活在农村,仍然使用粗陋工具进行传统的农业和手工业生产的情况。报告中对于"落后"的参照标准,显然不可能是历史上的中国,因为在中国共产党的领导下,旧中国、旧社会已经一去不复返了;也不可能是还没有成为现实的未来社会,而只能是那些实际存在的、已经实现工业化、现代化的西方发达国家。

新时代中国社会主要矛盾,即党的十九大提出的人民日益增长的美好生活需要和不平衡不充分的发展之间的矛盾。对于该矛盾两个方面含义,基于党的十九大报告所作的解读已经很多,也已形成了较广泛的共识。一方面,人民的美好生活需要是对"物质文化需要"的拓展和深化。人民生活水平的提高,使得人们对物质文化方面有了更高、更新的要求,从注重物质文化产品的种类和数量,到更关注产品的品质；对于民主、法治、公平、正义、安全、环境等方面的要求也日渐突出，希望更真实地行使自己的民主权利，拥有更优美的生态环境，得到良好的住房、教育、医疗、养老保障等，这些要求已不是只靠社会生产的提高就能自然而然解决的问题，而恰恰反映了在过去一个时期那些做得不够好，甚至以"必要的牺牲"为名义被忽视的领域和工作。另一方面，不平衡不充分的发展是当前经济社会发展的最突出制约因素。应该说，发展的不平衡不充分状态在人类历史中是长期存在的，平衡和充分往往才是相对的情况，但这并不是说发展的不平衡不充分在任何时候都是制约社会进步的主要因素，这是两个完全不同的问题。党的十三大报告就已描述了当时存在的种种不平衡现象，但那时的主要问题并非是不平衡本身，而是在于物质的普遍匮乏，而为了解决这种短缺的问题，在一定时期内还需要采取不平衡发展的办法，让一部分人、一部分地区先富起来，让一些领域、一些方面先发展起来，也就是说，在当时，发展的不平衡和不充分是服从于改变落后的社会生产这个主要要求的，反而需要进行某种"不平衡的发展"。在新时代，不平衡不充分的发展成为满足人民美好生活需要的最突出制约因素，必须根据新时代中国社会主要矛盾所提出的客观要求，走出一条均衡发展的新路。

第一章
中国式现代化与社会主要矛盾理论的探索

新时代中国社会主要矛盾，在根本上集中体现了当前社会基本矛盾运动的情况及其要求，在内容上是社会发展方面和人民需要方面的质的变化。只有深入到社会基本矛盾的层面，对生产力、生产关系—经济基础、上层建筑的发展过程和当前特点进行深度分析，才能真正搞清楚对新时代中国社会主要矛盾的转化逻辑与基本内涵。

一方面，新时代中国社会主要矛盾的转化是社会基本矛盾运动发展的必然结果。在社会主义社会仍然存在着生产力和生产关系、经济基础和上层建筑的矛盾，它们是社会主义社会不断发展的基本动力。1949年中华人民共和国的成立，以及1956年社会主义改造的基本完成，已经运用政治革命、社会革命的手段，化解了半殖民地半封建社会和过渡时期的生产力和生产关系、经济基础和上层建筑矛盾的严重激化状态，生产力重新成了社会基本矛盾的主要方面，生产力、生产关系—经济基础、上层建筑的矛盾已经不是对抗性的，而是在总体适应的非对抗条件下运动着，并没有提出像革命时期那样，需要根本改变生产关系或上层建筑的要求。不过必须承认，即使在总体适应的状况下，生产力、生产关系—经济基础、上层建筑的矛盾运动情况也是不平衡地发展着的，它们之间的相互地位虽然不会发生根本改变，但每一方面的力量涨落和对比却时时刻刻发生着变动。这种变化在社会基本矛盾层级只是一种量变，可是在更具体的层面上就可以引起某种质变。新时代中国社会主要矛盾的转化，就是这样一种情况，它反映的是从1956年中国进入社会主义初级阶段以来，社会生产力水平的不断提高，以及生产关系—经济基础和上层建筑根据生产力的变化而变化的过程，这个过程从要求注重根据生产力的发展要求来改进生产关系—经济基础和上层建筑，到了现今生产关系—经济基础和上层建筑的相对独立性更加显现，要求在适应推动生产力进一步发展之客观要求的同时，注意生产关系—经济基础和上层建筑自身独特的运动变化规律，以及这三者之间的相互协调。反映到人民需要和社会发展领域上，就呈现出人民日益增长的美好生活需要和不平衡不充分的发展之间的矛盾。

另一方面，人民的需要和主要的制约因素确实发生了质变，这也是应当承认的。从人民需要方面来说，在过去，经济、政治、文化的分类方法，被用来作为剖析社会的基本范式；但在中国特色社会主义的实践中，逐渐将它扩展为经济建设、政治建设、文化建设、社会建设、生态文明建设的"五位一体"总体布局。对此，当然可以解释说，人民日益增长的物质文化需要已经高度概括并包含了社会其他的各种需要，但既然社会、生态文明两方面相对地独立成为两个重要的领域，就说明它们也具有独特的质，也说明社会已经承认它们确实是需要和经济、政治、文化并列的方面，正确反映了人民需求的变化情况，而不能简单地把它算到"物质文化"之内，这是不符合唯物辩证法基本要求的。从社会发展方面来说，人民日益增长的需要当然要通过社会不断的进步发展来实现，社会发展在不同的时期，必然有着不同的特点。"落后的社会生产"体现的是1956年至21世纪初社会发展的主要特点，即在总体上落后于世界先进水平，尤其是社会生产方面，这个社会生产，既包括物质产品的生产，也包括精神产品的生产。经过数十年的建设，社会生产的落后特点已得到改变，社会生产要进一步提高，必须解决发展不平衡不充分的问题。此外，社会公平正义、生态环境保护、社会保障体系、民主法治建设等社会发展的其他方面也愈加重要，它们并不能直接归为社会生产之内，都有着相对独立的发展规律，这些方面之间的密切联系，要求必须找出一条推动经济、政治、文化、社会、生态文明的高质量协调发展新路。

3.中国特色社会主义新时代的确立依据和历史方位

可以说，社会主要矛盾的转化，是中国特色社会主义进入新时代的主要依据，也决定了新时代是社会主义初级阶段的其中一个历史时期，这符合主要矛盾规定事物性质和发展方向的基本原理。但一个社会阶段的确定，是多种因素综合作用的结果，需要坚持两点论和重点论的统一。

中国特色社会主义进入新时代，是中国社会进步和社会主要矛盾转化的必然结果。新时代中国社会主要矛盾为中国共产党人提出了新的要求，要通过不断解决发展的不平衡不充分问题，促进社会公平正义，推动人民生活水平迈上新台阶，共同富裕取得实质进展，促进人的自由全面发展。在新时代，要继续巩固已经取得的改革发展成果，在全面建成小康社会基本实现后，继续开启全面建设社会主义现代化国家新征程，推进落后地区的建设。要继续创新发展中国特色社会主义道路、理论、制度、文化，在中国共产党的领导下团结全国人民，在2035年基本实现社会主义现代化，为在21世纪中叶全面建成社会主义现代化强国而奋斗。在新时代，中华民族继实现站起来、富起来后，还要实现强起来的目标，实现中华民族伟大复兴的中国梦，为人类文明的进步作出更大贡献，为解决世界和平和发展的问题贡献中国智慧、中国方案、中国力量，推动构建人类命运共同体。

至于新时代的历史方位，可以确定，新时代是社会主义初级阶段之中的一个历史时期，这个问题和新时代的确立依据，其实是同一个问题的不同方面。

在马克思主义理论和国际共产主义运动的发展过程中，对于社会主义社会的认识有着一个不断深化的曲折的过程。

第一章
中国式现代化与社会主要矛盾理论的探索

马克思、恩格斯通过对人类社会和资本主义生产方式的研究，得出了社会主义必然代替资本主义的科学结论，他们设想共产主义将经历一个低级阶段和高级阶段，这个低级阶段被列宁称为社会主义社会，并成为国际共运的共识。对于社会主义社会的基本特征，在马克思主义经典作家的论述中主要是：经济上实行生产资料公有制、计划经济和按劳分配，政治上实行无产阶级专政。对于社会主义社会的矛盾问题，马克思、恩格斯和列宁虽然没有正面回答过，但在他们的著作中实际上承认了矛盾的存在；斯大林否定社会主义社会内部存在矛盾，后来被实践证明是错误的；毛泽东正式肯定了社会主义社会不仅存在矛盾，而且生产力和生产关系、经济基础和上层建筑的矛盾仍然是社会的基本矛盾，作出了符合历史唯物主义的科学结论。因此，和其他社会变动的情况一样，社会主义社会的形成与发展，也必然能够从社会基本矛盾运动中找到答案。

社会主义初级阶段是社会主义的不发达阶段，理解它的关键在于如何认识"不发达"。在马克思、恩格斯的论述里，直至十月革命之前，社会主义社会、共产主义社会被普遍认为作为一种更先进的社会形态，应该是在资本主义社会灭亡之后才会取而代之。但是，世界上第一个社会主义国家在一个十分落后的、具有大量封建残余的帝国主义国家俄国建立；此后建立社会主义制度的国家，大多是经济社会发展更为落后的地区。正是这种理论与现实的"错位"，导致了"不发达"社会主义问题的产生。由十月革命开启的这个时代，是一个社会主义制度和资本主义制度两制并存竞争的时代，实行社会主义制度的国家和地区，当然要完成最终消灭、取代资本主义的历史任务；但要完成这一任务，就必须要首先实现对最发达资本主义国家和地区的赶超，而这种赶超，毋庸置疑，主要是在生产力方面的赶超。因为，在生产关系—经济基础、上层建筑方面，社会主义国家已经创造出了在原则上更加进步、更加发达的制度，社会主义制度不仅应当比较好地防止资本主义制度带来的贫富两极分化、周期性经济危机、劳动人民被剥削压迫的弊病，同时应当比资本主义更好更快地发展社会生产力。只有如此，社会主义取代资本主义，才能获得最有说服力的实践和历史支撑。不过，截至目前，在国际共产主义运动的历史上，至今尚无社会主义国家真正实现了对发达资本主义国家的赶超。这就是说，对于十月革命以后建立的社会主义国家而言，都处在某种由于在经济社会发展落后的国家和地区建设社会主义而规定了的"不发达"时期，赶超发达资本主义是摆脱"不发达"的基本前提。从这个角度看，中国的社会主义初级阶段的"不发达"，不仅仅是中国所独有的，而是迄今一切社会主义国

第一章
中国式现代化与社会主要矛盾理论的探索

家各自发展阶段都具有的特点。

中国共产党人得出社会主义初级阶段的理论认识，其基础主要是新中国成立以来社会主义革命与建设的全部历史经验，同时还涉及国际共产主义运动和世界资本主义的发展历程及其相互关系。新中国成立后，中国共产党人在社会主义改造和建设之中开始独立自主地进行探索，对社会主义发展阶段的认识才逐步地深化。正是在经历一系列"左"的错误以后，中国共产党人才清醒地认识到社会主义建设的长期性、艰巨性、复杂性；正是在变革生产关系之中片面追求"一大二公三纯"的历史教训，中国共产党人正确地了解到不仅生产关系落后会阻碍生产力发展，生产关系超前同样会束缚生产力的进步。正是在中国共产党领导人民进行社会主义建设的艰苦探索之中，中国处于社会主义"不发达"阶段的客观事实才越加清晰起来，正是实践证明了中国生产力的落后与不发达，"一大二公三纯"的生产关系并不能与之相适应，而必须进行改革。中国共产党人在1978年以后的改革开放新时期开始调整生产关系—经济基础和上层建筑，取得一系列重大成就，不仅证明了生产关系—经济基础和上层建筑基本适应了生产力，从而使生产力获得了极大的解放和发展，而且证明了社会主义初级阶段这一重大理论判断的真理性。中国共产党人之所以能够将社会主义初级阶段定为

"不发达"阶段，既是因为正确认识到同西方发达资本主义国家（尤其在生产力方面）的客观差距，也是因为正确地认识并总结了新中国成立70多年来社会主义革命、建设、改革的正反两方面历史经验。在这70多年中，中国共产党人曾尝试去建立更接近"共产主义第一阶段"的那种理论上的社会生产关系，正是基于这种历史实践的结果，才能够正确地估计到中国社会主义相对于更高阶段的差距。

至此，就可以清楚解释新时代仍是社会主义初级阶段之中的一个历史时期的原因了。

在中国特色社会主义新时代，中国仍然处于社会主义初级阶段，应该说是一个符合实际的判断，因为这一阶段的两个确立维度都没有发生根本变化。从综合实力上看，中国已经不逊于世界绝大多数国家，但中国同发达资本主义国家仍然有很大差距，在人均国内生产总值、尖端技术和基础科学等方面最为突出。社会主义初级阶段实际上由两个历史任务所规定：一是实现在各个方面（尤其是生产力上）赶超西方发达资本主义国家；二是对社会主义社会制度的不断发展完善。从二者关系上看，后一个历史任务既受到前一个历史任务的制约，又是解决前一个历史任务的途径和手段。这就是说，实现对西方发达资本主义国家的赶超，必须要充分发挥社会主义优越性、不断完善社会主义制度；而只有实现对西

第一章
中国式现代化与社会主要矛盾理论的探索

方发达资本主义国家的赶超,才能为彻底释放社会主义优越性,将社会主义推向前进创造更广阔的空间。因此,实现对发达资本主义国家的赶超,根本扭转"资强社弱"的既有格局,是首要的且最现实的任务,在这之前,社会主义初级阶段不会完结。这就是说,目前衡量社会主义初级阶段发展程度的最现实标准,就是科学度量同发达资本主义国家的发展差距。从社会主义初级阶段的支撑依据看,生产关系—经济基础和上层建筑方面的"不发达"状态,归根结底由生产力的"不发达"状态所决定;而生产力"不发达"的核心比较依据,就是社会主义和资本主义两种现实社会制度的竞争和较量。换句话说,在社会主义初级阶段,就是意味着生产力是社会基本矛盾中居于支配地位的主要方面,在生产力方面赶上并根本超过资本主义发达国家,从实践上证明社会主义能够更快更好地比资本主义推动生产力的发展,是这个阶段所要完成的一个根本任务。正因如此,新时代没有改变确立社会主义初级阶段的根本依据,因此它虽然反映了生产关系—经济基础、上层建筑之相对独立性的增强,但并没有促成社会主义初级阶段的完结。

对于社会主义初级阶段来说,社会基本矛盾的客观要求,又集中表现在人民需要和社会发展的矛盾上。毫无疑问,人民需要和社会发展的矛盾,几乎是从人类社会诞生开始就存在了，并不是一个新生的事物，可是它并不是在任何社会形态、任何发展阶段、任何历史时期都处于主要矛盾的地位。例如在资本主义社会，这个矛盾也固然存在，可是生产社会化和生产资料资本主义私有制的矛盾，才是资本主义社会需要化解的最根本问题，无论是满足人民需要还是推动社会发展，都仰赖于资本主义基本矛盾的解决程度。到了社会主义社会，由于生产资料公有制和按劳分配主体地位的确立，由于无产阶级专政社会主义国家的建立，生产力和生产关系、经济基础和上层建筑的矛盾的对抗性得到根本化解，社会才真正取得了通过自觉合理地规划社会发展，来满足人民日益增长且变化的需要的能力。也只有在这时，人民需要和社会发展的矛盾才能成为主要矛盾。虽然在社会主义的初级阶段，人们按照规律自觉规划社会发展，从而满足人们自由全面发展的能力相对而言还不强，可它同资本主义社会以及此前的一切社会形态相比，已经发生根本变化。人民需要同社会发展的矛盾，是社会主要矛盾转化前后两种矛盾的共性，这种共性归根结底是反映了社会主义初级阶段的历史使命和社会主义社会的本质要求。

社会主义社会总体上看仍然是一个新生的社会，它在中国只是存在了70多年，在世界上第一次作为现实社会制度出现至今也不到百年，而且普遍都还处在初级的、不发达、不完善阶段，所以对于社会主义社会的发展规律，它独特的基本矛盾运动情况，以及社会主义更高阶段的基本特征等问题，必定也是有待深化的，当前对于社会主义社会及其基本矛盾、主要矛盾、历史分期的认识，永远不能超出当前社会发展的现实水平，这只能留待于未来在社会主义建设的实践中得到解答。

第二章

中国式现代化取得的辉煌成就和根本变革是新时代中国社会主要矛盾转化的现实依据

第二章
中国式现代化取得的辉煌成就和根本变革是新时代中国社会主要矛盾转化的现实依据

对社会主要矛盾判断的变化，是一个关乎党和国家未来发展全局的重大政治判断，表明党的中心工作和主要任务都将发生根本调整。而中国共产党在2017年对社会主要矛盾的新表述，无疑是对国内国际形势进行综合研判、经过全面反复考量之后所形成的战略决策，是有着充分的理论依据和事实基础的，是推进中国式现代化过程中所取得的一系列辉煌成就和根本变革，具体而言是社会生产力的跨越式发展，生产关系—经济基础的巨大变革，上层建筑的持续调整，以及国际形势的复杂变化等因素所造成的必然结果。

一、生产力的迅猛发展：
社会主要矛盾转化的根本推动力

1956年，中国迈入社会主义初级阶段，全面展开社会主义建设；1978年改革开放以来，中国的面貌更是发生了巨大变化，用几十年时间走完了发达国家几百年走过的工业化历程。中国的社会生产力已经摆脱了极端落后的水平，在世界上达到了中等偏上的程度，并继续向更高层次发展。生产力的这种迅猛发展直接或间接引起了中国社会各个领域的大变化，成为社会主要矛盾转化的最根本推动力。

（一）社会主义工业化、现代化的迅猛推进

1840年鸦片战争开始，中国在逐步沦为半殖民地半封建社会的同时，在客观上也开启了中国工业化、现代化的进程。然而1949年以前中国的执政者，都无力完成实现民族富强的任务。只是在中华人民共和国成立以后，中国才真正意义上走上大规模的工业化、现代化建设之路。

1.建立独立完整的工业体系和国民经济体系

是否在经济上不受制于人，具有保护本国不受侵犯的能力，是判断一个民族是否独立自主的基本条件。1949年至1978年，在中国共产党的领导下，中国才真正开启了大规模实现工业化、现代化的道路，比较顺利地实现了建立一个独立完整的工业体系和国民经济体系的目标，为改革开放开启社会主义现代化建设新时期打下了根本的物质前提和保障。

1949年，中国共产党接手的是一个经济凋敝、百废待兴的国家，面临着极为繁重的国民经济恢复工作。一方面，新中国成立以前，中国虽然发展了一定的民族工业，但严重依赖帝国主义资本势力，发展不平衡，技术不发达，规模相对较小，且主要集中于轻工业，在帝国主义、封建主义、官僚资本主义的压迫下多次遭遇浩劫，国民经济的主要部分仍然是传统的农业。经历长期的战争破坏以后，中国这仅有的国民经济"家底"也遭到了灭顶之灾。资料显示，同历史最

第二章
中国式现代化取得的辉煌成就和根本变革是新时代中国社会主要矛盾转化的现实依据

高水平相比，1949年中国的工业总产值减少了一半，现代工业产值仅占当年工农业总产值的17%；当年中国人均国民收入只有27美元，不到整个亚洲平均值（44美元）的2/3。另一方面，国民党反动派同各类反动力量一起，为人民政权的经济恢复工作制造麻烦。国民党军队在败退过程中，将国库中存放的巨量黄金秘密运往台湾，大肆破坏当地工业基础设施，国民党还经常从台湾派飞机对大陆的东南沿海城市进行轰炸和侵扰，国民党特务组织、地方土匪强盗、封建会道门等威胁着人民的生命和财产安全。1950年，中共中央决定抗美援朝，同以美国为首的帝国主义国家正面对抗，西方则对中国实行全面封锁，为国内经济恢复工作带来了更大的压力。

人民政权立刻开始着手恢复国民经济，利用三年多的时间，使整个国民经济得到全面恢复和初步发展。1950年，党的七届三中全会决定用大约三年的时间完成土地改革、合理调整工商业、节减国家机构经费，以获得财政经济状况的根本好转。一方面，党和国家保证并恢复经济的平稳运行和正常发展。在城市，人民政府对待新接收的官僚资本企业实行组织机构和生产系统的完整保留，保证了生产的稳定持续。在农村，国家积极发动群众，拨付大笔资金兴修水利，完成了淮河治理、修建官厅水库、荆江分洪等重大工程。交通方面，经过各方努力，1950年全国原有铁路网基本恢复，完成了成渝铁路、青藏公路等十分艰巨的建设。国家还推动国营商业与合作社商业的发展，于1952年基本形成一个全国性的国营商业体系，并通过合理调整公私、劳资关系，促进私营工商业的恢复。另一方面，党和国家在1950年发动镇压反革命运动，基本肃清了国民党反动派的残余力量，以及存在很长时间的土匪、黑社会势力。1951年至1952年，党和国家发起了"三反""五反"运动，严厉打击了腐化干部和不法资本家，为国民经济恢复提供了有力保障。1952年，国家实现工农业总产值810亿元，比1949年增长77.6%，比解放前的历史最高水平（1936年）增长23%，国家财政收入大幅增加，人民生活得到了普遍的保障和改善，国民经济的恢复工作顺利完成。

中华民族和中国人民经过艰苦努力，打下了维护国家安全的坚实基础。新中国成立后，经历革命战争洗礼的人民军队的任务转变为保卫人民革命和国家建设成果，保卫国家主权和安全。人民军队用较短的时间实现了统一指挥、统一制度、统一编制、统一纪律、统一训练，组建新军种，创办军事高等院校，在抗美援朝战争、对印自卫反击战、珍宝岛战斗之中，出色地完成了保家卫国的使命。另外，新中国成立伊始就成立了主管国防工业的第二机械工业部，1955年党

第二章
中国式现代化取得的辉煌成就和根本变革是新时代中国社会主要矛盾转化的现实依据

中央提出进行尖端科技攻关，决定发展原子能事业，掌握导弹和原子弹制造技术，1964年首颗原子弹爆炸成功，1967年首颗氢弹爆炸成功，1971年洲际火箭首次飞行试验成功，标志着中国完全掌握了"两弹一星"的技术。最后，虽然党中央对国际局势作了过于严重的估计，但制定并实施了三线建设的重大战略部署，其主要思路被概括为"备战，备荒，为人民"；1969年8月，成立了由周恩来任组长的人民防空全国领导小组，全国普遍开展了群众性的挖防空洞、防空壕的运动。这些成果极大增强了我国的国防实力，强有力地捍卫了中华民族的独立自主。

1953年，在苏联的帮助下，中国开始实施第一个五年计划，实行以156项重点工程为中心的大规模工业建设，并形成过渡时期总路线，在1956年基本完成社会主义改造，第二年全面完成"一五"计划，为我国奠定了初步的工业基础。随后，第三、第四个五年计划基本完成，十年间工业总产值年均增长9.9%，农业总产值年均增长3.8%。

总之，到1978年改革开放以前，中华民族和中国人民在不长的时间里，成功建立了一个独立完整的工业体系和国民经济体系。在工业方面，1979年中国工业生产总值达到4483亿元人民币，按可比价格计算，比27年前的1952年增长了16.3倍（1952年工业生产总值仅为349亿元人民币），年均增长11.2%，建立了各个门类的近35万家工矿企业，主要工业品产量大幅增长，工业占工农业总产值的比重从1949年的30%提高到1978年的72.2%，成为了当时世界第六大工业国，可以说完成了第一次工业化的目标。在交通方面，铁路通车里程从1949年的2.2万公里增至1980年的5.2万公里，公路从1949年的8.07万里增至88.82万里。从1949年到1978年的29年间，中国社会总产值从557亿元人民币增加到6846亿元人民币，增长了11.29倍，年均增长率高达9%。由此，中国彻底终结了近代以来在经济上受制于人的局面，牢牢掌握了经济命脉，为民族的独立自主创立了坚实的物质基础。

2. 完成全面建成小康社会的目标

1978年改革开放至2020年，中国的社会主义工业化、现代化进入了一个新时期。这一时期的主要目标和发展主题是建成小康社会。20世纪70年代，第三次科技革命的浪潮方兴未艾，中国在世界上仍然是一个十分落后的国家，中国共产党人在对国际国内形势作出明确的判断后，大胆抓住机遇，实行改革开放，促成了中国经济数十年以较高速度持续增长的历史奇迹。

小康社会概念的提出和丰富，有着一个历史的发展过程。实现四个现代化是小康社会概念提出的"前身"。周恩

第二章
中国式现代化取得的辉煌成就和根本变革是新时代中国社会主要矛盾转化的现实依据

来在1964年召开的第三届全国人民代表大会第一次会议上,第一次明确提出要把我国建设成为一个"具有现代农业、现代工业、现代国防和现代科学技术的社会主义强国,赶上和超过世界先进水平"。1975年,四届全国人大一次会议明确了在1980年建成独立完整的工业体系和国民经济体系以后,于20世纪之内实现四个现代化的目标。改革开放以后,四个现代化目标被纳入建成小康社会之内,一般认为小康社会的目标是1979年12月6日邓小平会见外宾时首次提出的,强调的是中国要实现的现代化相对于发达国家仍然是一个低水平的,具体地说,仍然只是发展中国家里的中上等水平;量化来看,就是到20世纪末,中国人均国民生产总值达到800美元,总量到达一万亿美元。此后,建设小康社会的构想上升成为党的执政方针和国家战略,其涵义也进一步丰富。1987年4月,邓小平谈到,20世纪末中国人均国民生产总值达到1000美元,就意味着进入了小康社会;当年下半年召开的党的十三大的政治报告出现了"小康水平""小康生活"的表述,用来概括到20世纪末中国的经济社会发展目标。2002年党的十六大肯定了中国已基本实现小康,但存在着低水平、不全面、发展不平衡的特点。大会明确要利用21世纪的头二十年,完成全面建设小康社会的目标,也提出了2020年国内生产总值比2000年翻两番,实现更加完善的社会主义民主法制，提高全民族思想道德素质、科学文化素质和健康素质，以及可持续发展能力不断增强等具体目标，这表明"全面小康"已被扩展为一个涵盖经济、政治、文化等多个方面的综合概念。2012年，党的十八大正式宣布进入全面建成小康社会阶段，对"全面小康"的涵义有了进一步的丰富。大会提出2020年要实现国内生产总值和城乡居民人均收入比2010年翻一番，以及在经济、政治、文化、人民生活、可持续发展等领域的具体要求。另外，由于全面建成小康社会和中国共产党成立一百周年在时间上的基本重合，因而十八大后也逐渐被称作第一个百年目标。党的十九大提出2017年至2020年为全面建成小康社会决胜期，在这段时间要抓重点、补短板、强弱项，重点要打好防范化解重大风险、精准脱贫、污染防治三大攻坚战。

从建成小康社会的这40多年历程看，中国的面貌的确发生了又一次重大改变，取得了令世界瞩目的建设成就。

第一，经济总量极大提高。从国内生产总值（GDP）总量和人均量上看，中国已成为世界第二大经济体，人均GDP达到中等偏上国家水平。从1978年至2020年，中国的GDP增长基本上完成了大小"三步走"的设想，即1990年国民生产总值比1980年翻一番，基本解决温饱水平；到20世纪末国民生产总值比1990年再增长一倍，进入小康社会；

第二章
中国式现代化取得的辉煌成就和根本变革是新时代中国社会主要矛盾转化的现实依据

2010年国民生产总值比2000年翻一番，2020年再在2010年的基础上翻一番，实现全面小康。据世界银行统计，1980年，中国国内生产总值不到2000亿美元，1990年达到3600多亿美元，2000年中国GDP为1.2万亿多美元，2010年实现GDP总量超过6万亿美元，取代日本成为仅次于美国的世界第二大经济体。至2019年，中国GDP总量约为14.3万亿美元，已经比2010年的水平翻了一番，顺利完成既定的国内生产总值增长目标。国家统计局数据显示，2022年中国GDP更是高达121.07万亿人民币，持续展现着韧性强、潜力大、活力足等优势条件。

第二，工业化水平大幅提升。1996年中国钢产量首次突破1亿吨，此后一直位居世界最大产钢国。2018年一年就生产了生铁77105.44万吨，粗钢92800.9万吨，钢材110551.65万吨，占到世界总产量的一半以上；在500多种主要工业品之中，中国有220种工业品的产量遥居世界第一。2012年前后，中国钢铁、煤炭等主要工业品的产能已十分过剩，早已改变了过去生产不足的面貌。并且，在中国深度参与国际分工的同时，仍然保持着独立完整的工业体系和国民经济体系，是全世界唯一拥有联合国产业分类当中全部工业门类的国家，这使中国的工业化道路走得更顺当、更稳固。

第三，科学技术进步迅速。中国在载人航天、高速铁路、移动通信技术、量子技术应用、移动支付、电子商务等领域的成果突出，深刻改变着社会的生产与生活方式。在航空航天方面，中国实施了以"神舟"飞船为代表的载人航天工程，在2003年10月15日的"神舟"五号任务首次成功实现载人飞行，宇航员杨利伟成为中国进入太空的第一人；2004年启动，旨在探索月球的"嫦娥工程"，2010年启动，以"天宫"为人熟知的载人空间站工程，以及2020年7月发射升空的以"天问一号"为代表的火星探测工程正在稳步推进。在移动通信技术方面，中国的5G通信技术居世界前列，2019年下半年正式实现商用，预计2020至2025年，5G融合应用将间接拉动经济总产出24.8万亿元人民币，间接带动经济增加值达8.4万亿元。在高速铁路方面，中国从集成创新发力，后发先至，在CRH380系列动车组技术的基础上，成功研制出首次以中国标准为主导的"复兴号"CR400AF/BF型动车组。在电子商务、移动支付方面，微信、支付宝、淘宝、京东、美团、滴滴等功能各异的手机应用程序已经令人们的日常生活发生了巨大变化，"无现金生活""一部手机走天下"成为了现实。

第四，产业结构调整明显。改革开放以来，中国的产业结构完成了从第二产业为主导到第三产业为主导的转变。据统计，1978年，第一、二、三产业占国内生产总值的比重分别为27.7%、47.7%和24.6%，以工业为主的第二产业占到了将近一半，贡献率达到64.8%。到2012年，第三产业占GDP的比重（45.5%）首次超过第二产业（45.4%），2018年更是达到了52.2%的高位，在2014年前后取代第二产业成为经济增长的主要拉动者，农业占GDP的比重则一路下降到2018年的7.2%。2022年第一、二、三产业构成为7.1%、38.6%和54.3%，产业结构进一步优化。

第五，基础设施建设成果卓著。改革开放以来，中国建成了多项超级工程，如三峡水库、青藏铁路、南水北调工程、西电东送工程、西气东输工程、港珠澳大桥等，为经济的高速增长提供了基本的物质条件。目前，中国运营着世界最大、安全运行记录最长、新能源并网规模最大、输电能力最强的特大型电网；中国拥有全球最大的光纤和4G通信网络，数百万个4G基站保证了最偏僻的村庄也有4G信号覆盖；另外，截至2022年，中国的高速铁路里程超过4.2万公里，占世界高铁总里程的一半以上，是世界第一大高铁网络。这些技术先进、运营可靠的基础设施，既是中国生产力发展水平和程度的显著体现，也是社会主义优越性的鲜明体现。

3.中国社会生产力发展的总体评价和特点

从1949年新中国成立,开始进行社会主义建设至今,中国的社会生产力无论从量上还是质上都实现了前所未有的提高,社会主义工业化、现代化顺利推进,彻底摘掉了"短缺经济"的帽子,造就了中国经济增长奇迹。

第一,中国的生产力发展在不同时期的重点不同。和西方资本主义国家的生产力发展相比,中国和其他社会主义国家的经济社会发展,有着更强的自觉性和目的性,这是社会主义制度的一大特点和优点。从中国生产力发展的历程上看,至少到20世纪80年代初以前,中国在这一方面的主要精力都集中在发展重工业和国防工业上,即首先解决保证中国经济独立和国家安全的物质基础问题,同直接提高民众的生活水平相比,这属于更为基本的长远利益。只有在中华民族"站起来"的任务完成以后,国民经济建设的重点才能逐渐转到直接满足人民生活需要的相关产业上。1984年前后,中国共产党对国际形势的估计作了根本改变,将和平与发展确定为时代的主题,认为世界战争在可预见的未来是可以避免的,而且鉴于中国已经基本建成独立完整的工业体系和国民经济体系,改变经济建设重点的条件已经成熟,所以中国共产党提出了建设小康社会、满足人民物质文化需要的发展目标,实现了中华民族的"富起来"。而随着社会生产能力的全面提高，新的矛盾问题又会出现，逐步提出了中华民族"强起来"的任务。

第二，中国的生产力发展的不平衡性十分突出。一方面，在中国采用计划经济的数十年中，农业、轻工业、重工业的比例失调问题是生产力发展不平衡的一个突出表现，导致重工业发展较快，农业、轻工业发展滞后。改革开放之初，工业占国内生产总值的比重高达44.1%（1978年数据），随着各项政策的铺开，这一数值开始下降，1990年，三次产业占国内生产总值的比重分别为26.6%、41%和32.4%，各个产业的比例趋于平衡。另一方面，改革开放之后，新的不平衡问题开始产生。以农业为主的第一产业的绝对产值虽然逐年增长，但其占GDP的比重从1990年开始经历快速下降，在2009年跌破10%（当年数据为9.6%），"三农"问题（农业、农村、农民问题）变得日益突出。另外，尤其是进入21世纪以后，实体经济和虚拟经济之间的矛盾也开始凸显，经济的"脱实向虚""房地产泡沫"等问题成为社会焦点，而传统制造业则从20世纪90年代中期开始日益呈现出产能过剩的问题，到2012年前后，矛盾已十分突出，企业利润下降，职工面临失业危险，这不仅造成对物质资源的浪费，更是对社会劳动力的浪费。

第三，中国生产力的进一步发展取决于生产关系—经济基础和上层建筑的变革。诚然，生产力和生产关系、经济基础和上层建筑的矛盾运动是无时无刻不在发生着的，可这并不妨碍生产关系—经济基础以及上层建筑有相对的独立性和稳定性。在一定的阶段，解放和发展生产力所需要的任务和要求也是相对确定的，比如在新中国成立之初，废除封建的、官僚的所有制，代之以社会主义公有制，集中力量建立工业基础，就是生产力所提出的要求；改革开放之初，生产力所提出的要求是破除计划经济体制对生产力的束缚，建立社会主义市场经济及其相适应的各项制度，提高人民的生活水平；而到了全面建成小康社会即将实现，开启全面建设社会主义现代化强国的新起点，生产力的解放和发展，又要求解决不平衡不充分问题，提高国家治理能力，完善国家治理体系。因此，才产生了新中国成立以来社会主要矛盾的历次转化。

（二）绝对贫困的历史性消除

一定程度上说，一个国家的贫困程度，反映着这个国家实现现代化的程度，也是衡量一国人民生活水平的一个明确标准。对于中国而言，逐渐消灭贫困，实现共同富裕，是社会主义国家性质的必然要求。实践证明，在中国共产党的正确领导下，中国人民有能力解决贫困问题，并且实现了在中国消灭绝对贫困的历史目标。

1. 中国贫困标准的确定与演变

贫困一般被划分为"绝对贫困"和"相对贫困"两类。所谓绝对贫困,又称作生存贫困,指的是在一定的社会环境和生活方式下,家庭或个人依靠其劳动所得和其他合法收入不能维持其基本生存需求的状况。而相对贫困则有着更多的价值内涵,其标准也不尽相同,因此目前比较精确的贫困标准,基本都是对于绝对贫困状态的衡量。应该注意,无论是绝对贫困还是相对贫困,都必须顾及到其历史性,绝对贫困的标准,一直是特定历史条件下的产物,一定会随着社会生产生活方式的持续进步而提高。中国贫困线的制定和调整,反映出中国对于贫困的基本理解和认识的变化。

中国贫困标准的首次划定是在1986年,国家统计局农村社会经济调查总队收集并测算了来自全国6.7万户农村居民的收支调查资料,确定以人均年纯收入205元人民币作为中国的绝对贫困标准。中国制定贫困线的理论基础是绝对贫困,即通过计算一定时期内,人生存所需要的最低热量摄取标准和最低非食物标准之和得出。对于食物贫困线,中国采取了与联合国粮农组织相一致的每人日均2100大卡热量标准,并通过对最贫困群体消费结构和价格的调查研究,确定了相应的食物清单和价格水平,从而得到货币表示的食物贫困线。而对于非食物贫困线的确定，中国通过"马丁法"和"恩格尔系数法"分别划出了农村贫困线和低收入线两条标准。

1998年，为了避免由于收入波动因素将部分暂时陷入困难但可以依靠积蓄维持生活的高收入者划入，或将由于偶然原因收入提高的赤贫户排除的情况，中国对贫困标准进行了补充，规定收入低于贫困线且消费低于1.5倍贫困线的；或消费低于贫困线且收入低于1.5倍贫困线的，才应将之归为贫困人群。2008年底，国家决定取消绝对贫困标准和低收入标准的区别，合并为单一的绝对贫困标准，不再区别"农村绝对贫困人口"和"低收入群体"，实际上调了贫困线。

2011年，国家组织各部门通过详细的调查研究，对绝对贫困标准的定义进行了改进，在食物贫困线方面，在保证每人每天2100大卡热量摄入之外，还加入了保证每人每天60克蛋白质摄入的条件，依此重新确定了对应的食物清单；在非食物贫困线的确定方面则采用恩格尔系数法，设定食物支出占总支出的比重为60%，计算出非食物支出，从而确定非食物贫困线。2011年贫困标准同之前相比大幅提高，反映出中国对于绝对贫困的理解，已超越了单纯的"温饱不能满足"，更要注重消费结构的提升，加入医疗、教育、住房

第二章 中国式现代化取得的辉煌成就和根本变革是新时代中国社会主要矛盾转化的现实依据

保障等发展性条件。当前，中国所制定的贫困标准，可以满足"两不愁三保障"，即不愁吃、不愁穿，有住房保障、义务教育保障和基本医疗保障，已经同"每天2美元"的国际贫困标准相当，同时也是全面建成小康社会所规定的脱贫指标的具体意义。

2.中国扶贫工作的历史进程和主要成就

使中国人民摆脱贫困，是中国共产党人一直以来的使命和责任。经过新中国成立至今70多年的接续奋斗，在中国消灭绝对贫困、实现全面建成小康社会的历史任务终于完成。中国的扶贫工作成果显著，得到全国人民和国际社会的广泛认可。

1949年新中国的成立，是中国共产党领导全国人民摆脱贫困的开端。在国民经济恢复时期，由于物资匮乏，人民政权为保持社会稳定，在城市实行对原国民政府的办公人员、大学毕业生、社会失业者等群体实行"包下来"的政策，即包吃、包住、包工作、包分配；在农村则发动群众进行土地改革，对土地进行重新分配，使贫下中农有了土地、农具等维持生存的生产资料。1956年，中国完成社会主义改造，建立了计划经济体制，国有企业和农村集体组织成为了民众生产生活的直接保障者，"包下来"政策也进一步发展为日后被称为"铁饭碗"的国家制度。人民政权建立了基于人民公社集体经济的社会保障体系，构建了农村互助合作医疗制度，增加学校的数量，"赤脚医生""马背小学"成为那个时期的独特产物。对于农村的鳏寡孤独、失去劳动能力的人群，国家建立了"五保"供养制度，即保吃、保穿、保住、保医、保葬（对孤儿则保教）。这一时期，在整体生产力特别落后的情况下，国家需要集中全社会资源来建立独立完整的工业体系和国民经济体系，实行的是优先发展重工业的方针，用于人民直接消费的生活资料十分短缺，造成的结果是绝大多数民众的生活水平提升十分缓慢，长期处于物质匮乏的贫困状态。不过，国家通过城市和农村的公有制经济组织，为全体民众提供了低限度的生活保障，采取政府调拨粮食、财务等资源的"输血式"扶贫，带有很强的救济性质。

1978年至21世纪初，伴随着党和国家工作重心的转移，中国的扶贫工作进入新的发展阶段。"开发式扶贫"成为这个时期主要的扶贫方式和思路。所谓开发式扶贫又称作"造血式扶贫"，是指通过提供政策空间、物质帮助、智力支持等条件，激发扶贫对象的生产积极性，使其依照自己所适合的发展方式摆脱贫困。1986年起，扶贫工作真正从国家经济社会发展的一般战略之中相对独立出来，成为国家总体发展规划的重要组成部分。1978年开启的建立"家庭联产承包责任制"的农村改革措施，使全国普遍贫困的状态得到改

第二章
中国式现代化取得的辉煌成就和根本变革是新时代中国社会主要矛盾转化的现实依据

变,取而代之的是区域性的集中贫困。1985年,集中分布在18个上述贫困地区的约1.25亿农村贫困人口还没有达到温饱水平,数目庞大,任务艰巨,而这时国家的总体经济实力仍然较弱,用于扶贫的资源十分有限,而且扶贫工作是一项涉及面广泛的社会工程,绝非单独一个部门可以完成的,需要进行良好的统筹协调。为此,国务院于1986年成立了贫困地区经济开发领导小组,1993年改名为"国务院扶贫开发领导小组",发挥对扶贫开发工作的统一组织领导作用,标志着以开发式扶贫为主要方式的扶贫工作,正式成为国家经济社会发展整体规划的组成部分。也是在这一年,中国第一次明确划定了贫困线,并根据农村人均年收入和各县的财政状况,第一次划出了贫困县的确定标准,说明国家将利用有限的资源,把握贫困人口集中连片分布的特点,以县为单位来落实扶贫政策,通过推动贫困区域发展的方式,帮助贫困人口脱贫致富。进入20世纪90年代,距离21世纪基本实现小康的时间节点愈加接近,对扶贫工作的要求也越发紧迫。1994年初,国务院召开了第一次扶贫开发工作会议,并于4月发布了中国扶贫历史上第一个目标明确、规划完整的《国家八七扶贫攻坚计划(1994—2000年)》,确定"从1994年到2000年,集中人力、物力、财力,动员社会各界力量,力争用7年左右的时间,基本解决目标全国农村8000

万贫困人口的温饱问题。这是一场难度很大的攻坚战"。经过努力，计划所规定的扶贫开发任务基本完成，到2000年全国还有3200万贫困人口，比1994年计划实施时减少了近4800万人，农村贫困发生率从1985年的14.8%降至3%左右，标志着中国基本解决了人民的温饱问题。

进入21世纪，为适应变化了的中国贫困人口实际情况，在2020年实现全面小康、彻底消除绝对贫困的任务要求，中国的扶贫工作又一次发生重大转变。2001年5月召开的中央扶贫开发工作会议为未来的减贫脱贫工作进行了部署，制定《中国农村扶贫开发纲要（2001—2010年）》，提出巩固基本实现小康和温饱的成果，为全面小康创造条件。这一时期，中国贫困人口从区域性分布转向点状、线状或带状分布，部分极度贫困地区的困难程度有所加深，贫困地区同其他地区的发展差距持续拉大，城乡人口的频繁流动，使贫困出现向城市蔓延的势头，而且随着普遍贫困现象的消失，取代的是贫困原因的个体化、分散化特征。为此，国家采取了整村推进、产业开发、教育培训、易地搬迁等新手段，并且开始打造社会安全网，为贫困人口提供基本的社会保障。2011年11月底，中央扶贫开发工作会议决定大幅上调贫困标准，确定以2010年不变价计算，农民人均纯收入2300元人民币作为新标准，使得贫困人口数量扩大到1.28亿；在

第二章
中国式现代化取得的辉煌成就和根本变革是新时代中国社会主要矛盾转化的现实依据

《中国农村扶贫开发纲要（2011—2020年）》中，明确了这一阶段的扶贫目标："到2020年，稳定实现扶贫对象不愁吃、不愁穿，保障其义务教育、基本医疗和住房。贫困地区农民人均纯收入增长幅度高于全国平均水平，基本公共服务主要领域指标接近全国平均水平，扭转发展差距扩大趋势。"党的十八大以后，中央进一步提出要在2020年实现消灭绝对贫困，保证现行标准下贫困人口全部脱贫，贫困县全部摘帽，解决区域性整体贫困的更高要求。同此前相比，新目标将教育、医疗、住房明确纳入，说明中国对于绝对贫困的理解已经超越了单纯满足温饱的认识，愈加意识到扶贫归根结底要使贫困人口自身具备发展的能力和条件，否则很容易出现返贫情况，导致减贫成果得而复失。面对规模庞大的贫困人口和紧迫的时间关口，中央提出了"精准扶贫"战略，要求抓住贫困人口和村镇的各自特点，找准"贫根"，做到"六个精准"，即扶贫对象精准、项目安排精准、资金使用精准、措施到户精准、因村派人精准、脱贫成效精准；通过对贫困状况的具体分析，采取扶持生产和就业发展一批，易地搬迁安置一批，生态保护脱贫一批，教育扶贫脱贫一批，低保政策兜底一批的"五个一批"分类施策的方法，形成了一套比较系统完整的中国特色扶贫经验。2021年2月25日，全国脱贫攻坚总结表彰大会在北京人民大会堂隆重举行。

习近平总书记在会上宣布，中国脱贫攻坚战取得了全面胜利，完成了消除绝对贫困的艰巨任务。

中国减贫脱贫工作的成效十分明显，为世界所瞩目。从新中国成立到2020年实现全面建成小康社会，做到了让十多亿人口不再为吃穿用度而发愁，人人能够享受基础义务教育、基本医疗保障、基本住房保障，这在人类对抗贫困的历程上是前无古人的历史成就。2015年，中国成为第一个实现联合国千年发展目标之中减贫目标的发展中国家。尤其珍贵的是，中国数十年的减贫脱贫经验，形成了一整套具有很强借鉴意义的"中国扶贫方案"，为仍在为消除绝对贫困而斗争的广大发展中国家提供了参考范例，为世界消除贫困的事业贡献了中国力量和中国智慧。

3.消除绝对贫困对于理解新时代中国社会主要矛盾的意义

保障并不断提高劳动人民的生活水平，是从社会主义运动诞生以来就具有的基本特征和内在要求。在中国彻底消除绝对贫困，是实现共同富裕道路上的重要一步，它所反映的不仅是中国在减贫事业上的成就，更是中国人民生活水平普遍大幅提高的集中体现和衡量标准。中国共产党领导下的中国减贫脱贫之路，既从人民生活方面反映了社会主要矛盾转化的客观过程，又是在认识社会主要矛盾转化这个客观事实

第二章
中国式现代化取得的辉煌成就和根本变革是新时代中国社会主要矛盾转化的现实依据

的基础上不断作出政策调整的能动过程，对于认识和分析新时代中国社会主要矛盾具有重要的现实意义。

第一，中国绝对贫困的消除，是中国生产力大幅提高的反映和结果。从扶贫开发工作的历史中可以看出，2000年以前，中国总体处于一个物质十分匮乏的水平上。改革开放之前，中国面临着既要建立起牢固的工业基础，又要保障和提高人民生活水平的双重任务。当时对于优先发展重工业的决定，并非没有质疑的声音，但中国共产党人决定以长远利益为重，首先将主要资源用来建立独立完整的工业体系和国民经济体系，这必然导致用于人民直接消费的部分相对较少，形成普遍贫困的局面。从1978年到2000年，由于外部环境趋于稳定和建立工业基础的任务已经完成，国家能够将更多的精力放在提高人民的生活水平上，总体思路就是"让一部分人先富起来，先富带动后富"的战略，即首先采取差异化发展，令条件优越的地区和人群的生活率先提高，再采取均衡发展方式，实现落后地区与贫困人群生活水平的改善。因此，这一阶段中国采取了开发式扶贫手段，即激发扶贫对象的内在动力，最终目标是要增加经济总量，同时改善贫困人口的生活水平。这一过程中，体制转轨带来的"阵痛"造成了很多社会问题，但经济的高速发展在一定程度上削减了其社会影响力，大多数民众确实提高了生活水平，中国的国内生产总值也经历了奇迹般的快速增长。进入21世纪以来，尤其在2008年金融危机以后，中国经济发展模式开始转变，差异化发展产生的收入差距扩大、深度贫困人口扶贫难度加大、社会保障体系缺失等问题日渐突出，贫困的发生已经不再是由于缺乏经济发展的相关条件和手段所致，而是由于天然的自然地理恶劣条件、劳动能力的丧失、由于缺失社会安全网致贫返贫、缺乏相关非农业知识技能等复杂原因造成。这时，中国的经济规模已足够庞大，具有了采取保障性扶贫的物质能力，这就必须对扶贫总体战略进行调整，不是将"扶贫能带来多少经济增长"作为目的，而是利用经济发展的成果，使贫困人口和全国人民一起实现全面小康。

第二，绝对贫困的消除，并不意味着中国贫困问题的永久解决，而是意味着在新时代发生了转化。一是社会发展是一个由低到高的过程，这意味着绝对贫困的标准绝不是一成不变的，而一定是根据社会发展水平而动态变化的。中国对于绝对贫困的认知，也经历了一个从单纯满足温饱，到不仅要解决直接的吃穿用度，更要解决致贫返贫之经济社会根源不断发展的过程。二是伴随着绝对贫困的解决，相对贫困的问题或许将成为中国减贫工作的重点，不过，对于相对贫困的标准如何确定，如何理解相对贫困和一定的生活质量差别

第二章
中国式现代化取得的辉煌成就和根本变革是
新时代中国社会主要矛盾转化的现实依据

的关系,解决相对贫困的方式方法等,都还需要有进一步的调查研究材料的支持和理论依据,但毋庸置疑的是,相对贫困反映出来的是人与社会发展的不平衡与不充分,其根源也是结构性的、内生性的,这已经不是单单靠发展经济就能解决的,而更多取决于对所有制结构、分配制度、市场机制的改革,以及政府运行效能的提高、社会保障体系的完善、社会价值观念的变化等因素。三是贫困问题本身也是社会根本性质和核心价值观念的反映,尤其在由于难以维持基本生存为特征的绝对贫困消除之后,对于"什么是贫困""采取什么手段消灭贫困"等问题的回答,将体现出更多元的价值立场和更广泛的利益表达。从某种意义上说,这是扶贫在成为一个相对独立的工作领域以后,在新的时代条件下向一般经济社会发展议题的复归,因为贫困问题变得多维、系统、综合,必须依靠社会各个领域的协调推进。

第三,贫困问题是人民生活水平提升程度的衡量指针,也是人民美好生活需要的直观反映。对于相对富裕的群体,那些对于当前最需要满足的需求可能不那么明显,而只有在贫困群体之中,社会发展之中的不平衡不充分问题才能以十分直观的方式显现出来。这是因为,贫困人口反映着一个社会之中成员生活水平的下限,各种不同质的需求之间的矛盾在这里表现得最为突出,在收入拮据的状况下,必须为需求满足的先后进行排序，而这往往具有一般性的意义；但这也并不是说，贫困人口的需求结构就是等于整个社会的需求结构，它反而印证了人民需求的多样化、个性化、层次化，所以在2011年至2020年，国家才采用了指向鲜明，对症下药的精准扶贫战略。另外，贫困问题也体现着一个社会的平等公正程度，扶贫领域实则是新时代中国社会主要矛盾变化表现相对突出的方面，在未来，扶贫开发领域的政策转变方向，对于整个经济社会的良好发展，都会展现出明显的先导作用。

（三）劳动力素质的巨大提高

劳动者是生产力诸要素中最活跃的因素，对生产力的发展起着决定作用。社会生产力的发展，归根结底要靠人民的生产劳动实践。劳动力的数量和质量，对于社会生产力的进步水平和速度有着巨大影响。经过新中国成立以来70多年的努力，劳动力的素质得到了飞跃式的提升，成为社会生产力发展的最大主观推动力。

1. 新中国"人口红利"的创造

1949年至1978年，中国成功培养了一批具有基本素质的劳动力，创造了以后被称为"人口红利"的重要优势，为改革开放之后中国经济社会的高速发展打下了基础。

第二章
中国式现代化取得的辉煌成就和根本变革是新时代中国社会主要矛盾转化的现实依据

第一,人口数量是"人口红利"的最直接体现。中国长期以来都是世界人口最多的国家。19世纪末20世纪初,中国总人口就已达到4.5亿,从清朝灭亡到新中国成立前,尽管历经磨难,全国总人口也增长了将近1亿,1949年末达到5.4167亿人,实现这一增长花费了近50年的时间。1949年至1979年,中国迎来了一个人口高速增长的时期,总人口增至1979年的9.7542亿人,1981年人口突破10亿,而这仅仅用了30年左右的时间。

第二,人口的大幅增长必然得益于农业的发展。社会主义农业合作化更好地发挥了农业生产协作的优势,修筑了大量农田水利工程,截至1979年,全国各地共建成大中小型水库(库容10万立方米以上)8万多座,新建万亩以上的灌溉区5000多处,修建人工河道近百条,灌溉面积达到了8亿亩。有效治理了淮河流域和荆江河段的洪水泛滥,组织群众克服自然灾害,有效提升了调蓄泄洪、抗旱防涝、防灾减灾能力。虽然改革开放前中国总体执行优先发展重工业的战略,但中国农业仍取得了明显进步,这段时期所增产的粮食不仅多养活了近4亿人,而且使9亿多人的人均占有粮食量比新中国成立初期增加了近200斤。另外,新中国还通过粮食出口换汇,得到了必要的工业发展资金、原材料和机器设备,1950年至1960年中国年均净出口粮食198万吨,支持

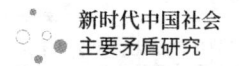

了中国的社会主义工业化建设。

第三，人口的增长还得益于医疗保障的提高。保障人民健康，就是提升劳动力的数量和质量，对推动社会生产具有重要意义。中国大力开展爱国卫生运动，开展"除四害"、传染病防治等工作，培养健康生活习惯。在农村依托集体经济建立合作医疗制度，在城镇建立依托国有企业、事业单位的公费医疗制度，并在全国大量建设医院和卫生所，创造了中西医结合、"赤脚医生"等独具中国特点的方法，用十分紧张有限的资源使全国绝大多数人民享有了最基本的医疗保障。据统计，医疗卫生机构数量从1949年的3670家发展到1978年的169732家，基本实现全国普及；人口死亡率从1949年的20‰显著下降到1979年的6.21‰；人均预期寿命从1949年新中国成立之初的不到35岁，大幅提到1981年的67.77岁。

在教育方面，中国民众大部分人口是文盲的状况得到初步改变。新中国成立后，为更快普及科学文化教育，国家在1954年成立文字改革委员会，开始进行汉字简化工作，1956年1月，《汉字简化方案》向全国公布，实践证明这次汉字简化符合汉字发展规律，大大降低了民众学习汉字的难度，取得了巨大成功；1958年，全国人大通过了以拉丁字母为基础指定的《汉语拼音方案》，成为汉语注音和推广普通话的重要工具。对于各少数民族，国家在民族地方实施双语教育，帮助没有文字的民族创制文字。1978年，全国共有学前教育机构16万余家，小学近95万所，初中11万余家，普通高中近5万个，以及598家普通高等学校；全国小学专任教师522.6万名，初中教师244.1万名，普通高中教师74.1万名，和20.6万名普通高校教师。在城市基本普及了中等教育，在农村基本普及了小学教育。

总之，由于新中国成立后国内持续和平环境的奠定，以及农业、医疗、教育等方面的进步，中国人口数量大幅增长，为改革开放之后经济的高速发展提供了大量具有基本文化素质的青壮年廉价劳动力，凭借这一巨大优势，中国承接了从西方发达国家转移过来的大量产业，成为"世界工厂"和制造业大国。

2. 劳动力素质和结构的调整升级

改革开放以来，中国人口和劳动力的发展都发生了十分深远的变化。独生子女政策的实行保证了人口总体上的合理增长，劳动力的科学文化素质有了更大的提升，同时，也由此出现了新情况和新问题，是社会主要矛盾转化的忠实反映和具体表现。

第一，教育卫生事业继续发展，劳动力素质得到进一步改善。医药卫生领域，最明显的是医疗卫生机构数量大幅增加，1978年，全国共有医院、基层医疗卫生机构、专业公共卫生机构17万家左右，2019年，全国医疗卫生机构总量突破100万，其中医院34354所，基层医疗卫生机构954390个，专业公共卫生机构15958家。各类卫生人员数目先降后升，从1978年的788万余人增至2019年的近1300万人。国家卫生支出逐年增加，2019年达到1.8万亿元，卫生总费用占当年GDP的比重达到6.64%，而1978年仅为3%。医院的整体环境提升，增加了不少专业医疗设备，药品种类丰富，科室门类比较齐全，传染病防治工作也有明显提高，对婴幼儿和老年人进行疫苗接种，继续开展爱国卫生运动，提倡勤洗手、不随地吐痰等良好卫生道德风尚，组织社区力量杀灭老鼠、蚊子、蟑螂等，在21世纪初基本建立了同社会主义市场经济相适应的基本医疗保险制度。2020年，中国人均预期寿命为77.93岁，比改革开放初期提升了10岁，民众食品消费结构更加多样，营养状况改善巨大，劳动力的身体素质明显增强。教育领域，这一时期的表现是义务教育全面普及，高等教育明显发展。高中、初中、小学的数量虽然明显减少，但教育资源更加丰富，质量提高，例如虽然初中数量从1978年的11万余个减至2021年的5万多个，但初中教师数量相应从244.1万人提高到397.1万人，九年义务教育基本实现全覆盖。国家对高等教育事业愈加重视，20世纪90年代先后启动实施211工程和985工程，2017年批准实施"世界一流大学和一流学科"高等教育发展战略。2021年，国家教育支出共计37468.85亿元，全国共有普通高等学校2756所，是1978年的近5倍，研究生毕业人数高速增长，尤其是21世纪以后很快突破10万（2003年），2022年共有86.2万研究生毕业，海外留学生不断增长，其中相当一部分成为"海归"投身于国家各个领域的建设。

第二，劳动力的结构发生了变化，工资水平整体上升。1978年，七成左右的劳动力从事农业为主的第一产业，第二产业就业人口只有17.3%，第三产业为12.2%；这样的状况随着经济发展变化迅速，20世纪90年代中期，第一产业就业人员所占比重降到50%以下，2021年这一比重进一步下降到22.9%；第三产业就业人员比重在2011年超过农业，成为三次产业中就业人数最多的产业，2021年第三产业就业人员比重达到了48%。由于生活水平的整体提高和对劳动力综合素质的更高要求，劳动力的生活成本和教育培训成本显著增加，导致劳动力总成本逐年上升，中国此前丰富的廉价劳动力优势正在失去。

3.劳动力方面不平衡不充分问题的典型表现

劳动力不是单纯的物的要素，而是活生生的人，是劳动的主观条件和生产力的最重要因素。当前，相比于其他方面，劳动力的不平衡不充分问题表现得同样十分突出。

一方面，劳动力供应出现相对短缺和相对过剩的并存。在改革开放至今的大部分时间里，中国的劳动力供给基本上是处于相对充足的状态，这一方面是由庞大的人口基数和人口增长保障的，另一方面是经济发展方式和结构所保障的。可是，进入21世纪，上述两个条件都发生了改变。人口增长方面，受到生育抚养成本提升，民众生育观念转变，独生子女政策的长期实施等因素的影响，中国人口的自然增长率不断下降，而人口政策的调整，如全面放开二孩等，并没有达到预期的效果，说明中国已不可避免地向老龄化社会迈进。经济发展方面，那种不需要什么技能培训的简单劳动岗位及其行业正在被淘汰，导致相关行业的从业人员面临失业和就业难的问题；科技的进步使无人化、自动化在各个领域扩展，就业结构的改变，说明对劳动力数量和质量的要求也在发生调整，更加需要具有良好的身体素质，接受过高等教育，具有国际视野，具有较强业务能力的高素质专业化人才，但中国目前这样的劳动力仍然十分短缺。这就是说，就业难和招工难同时存在，这是劳动力发展不平衡不充分的一大典型体现。

另一方面，劳动力的成本明显提高。一是劳动力成本的高低受到多种因素的影响，除了生活成本和教育成本的上升

第二章
中国式现代化取得的辉煌成就和根本变革是新时代中国社会主要矛盾转化的现实依据

以外,劳动者的择业就业观念也发生了改变,权利意识极大增强。不少年轻的劳动者家庭条件良好,更愿意尝试不同的工作岗位,或者主动地在一段时间内选择不找工作,对于工作的期望值也不再局限于薪资水平,还十分看重工作所能提供的福利与社会保障,生活的舒适程度和自身人生价值的实现程度。二是劳方和资方围绕自身核心利益发生的矛盾和纠纷越来越频繁。虽然多数劳资矛盾可以通过劳资协商、劳动仲裁或司法途径解决,但也有部分冲突发生激化,对社会稳定产生了影响,而对于这类事件,政府的处理能力往往存在明显短板,这其中还可能夹杂着官商勾结、贪污腐败、滥用权力等问题,使事情变得更加复杂。三是医疗卫生发展面临结构性问题。人们对健康问题越发关注,对医疗卫生机构的服务能力和水平都提出了更高要求。在患者方面,看病难、看病贵问题不仅影响劳动者健康程度和价值创造能力,更是关乎人的生存权和发展权的实现,在农村合作医疗解体后的一个时期,广大农村居民没有完善的制度性医疗保障。由于不健康的饮食习惯和缺乏体育运动,不少人患上"富贵病",出现越来越多的"小胖墩""小眼镜"。心脑血管疾病、精神心理疾病等成为影响人们生活质量和劳动力素质的主要因素,并出现年轻化趋势。在医院方面,医务人员待遇同其劳动付出长期不相称,部分医院生存艰难,"医药养医"问题突出。在政府方面，医药卫生支出连年上升，但收效不够理想，财政压力不断增加。四是教育不平衡问题突出。优质教育资源集中在特大城市或省会城市，可对于其他地区教育水平的提高拉动作用不明显，教育公平成为社会关注的长期热点，它事关民众能否获得公平的就业和发展机会，而不是由于教育质量的差异而直接输在"起跑线"上。

以上情况表明，无论是人口增长、就业观念、劳资矛盾、医疗卫生还是教育发展，既不能再简单地将"能否促进经济发展"作为衡量标准和首要目的，也不能只按照"出了什么问题就解决什么问题"的"摸石头"思路来进行，更不能选择"把一切都交给市场自动解决"的主张和行动，而是必须具有理论思维和系统思维，重视顶层设计，关注各个领域、各个方面和相互作用，实现协同推进，这已经成为解决不平衡不充分问题的必然选择。

二、生产关系—经济基础的巨大变革：
社会主要矛盾转化的重要原因

1956年社会主义改造的完成，标志着中国社会主义生产关系和经济基础的确立，是中国迈入社会主义初级阶段的历史起点。在认识和调整生产关系的探索之中，中国曾经走过弯路，经历了曲折，不过在总结历史经验教训之后，成功地在改革开放之后把社会主义基本经济制度完善了起来。以公有制为主体、多种所有制经济共同发展，按劳分配为主体、多种分配方式并存，社会主义市场经济体制等社会主义基本经济制度，既体现了社会主义制度优越性，又同我国社会主义初级阶段社会生产力发展水平相适应，是党和人民的伟大创造。新时代中国社会主要矛盾的内容及其转化，集中体现了中国生产关系—经济基础的变革和调整，是其在适应社会生产力发展水平的同时，又表现出相对独立发展要求的反映。

（一）生产资料所有制的变化

生产资料所有制是生产关系的核心问题，它决定着社会的分配方式和交换方式，规定着生产过程中人与人之间的相互关系。中国共产党对社会主义公有制和社会主义初级阶段的所有制问题，有着一个不断深化的认识过程，到目前，把以公有制为主体，多种所有制形式共同发展作为需要长期坚持的原则基本固定了下来。

长期以来，国际共产主义运动对社会主义社会的所有制问题的认识，就是认为社会主义社会应该是单一的公有制，其两种基本的形式是全民所有制和集体所有制。新中国成立之初，经过没收官僚资本和土地改革，形成了社会主义国营经济、合作社经济、个体经济、私人资本主义经济和国家资本主义经济五种经济成分。1953年，中共中央制定了过渡时期总路线，标志着社会主义改造的开始。在《为动员一切力量把我国建设成为一个伟大的社会主义国家而斗争——关于党在过渡时期总路线的学习和宣传提纲》之中，明确指出："党在过渡时期的总路线的实质，就是使生产资料的社会主义所有制成为我国国家和社会的唯一的经济基础。"1956年，党的八大宣布，全国农户的91.7%已加入不同级别的农业生产合作社，超过90%的个体手工业从业人员加入了各类生产合作组织，资本主义工商业基本实现全行业公私合营，私营小商业基本实现合作化，社会主义改造的任务基本完成。1958年，全国又掀起人民公社化运动，全国的农业合作社基本被进一步改造为"政社合一"的人民公社；1966年，付给资本家的定息年限到期，公私合营企业完全变成社会主义全民所有制企业。

改革开放以后，中国共产党逐步打破了"社会主义只能是单一公有制"的观念，形成了以公有制为主体，多种所有制经济共同发展的新认识。

1.肯定了多种经济成分对社会主义现代化建设的意义

1981年，《关于建国以来党的若干历史问题的决议》在肯定公有制经济是社会主义基本经济形式的同时，提出"一定范围的劳动者个体经济是公有制经济的必要补充"。"劳动者个体经济"的地位在党的十二大报告中被定为公有制经济的必要的、有益的补充，打破了对生产资料公有制唯一性的认识；党的十三大报告正式提出以公有制为主体的表述，这一点被此后党的历次代表大会和重要会议反复确认；党的十四大报告确认个体经济、外资经济、私营经济是公有制的有益补充，党的十五大报告使用了"社会主义公有制为主体、多种所有制经济共同发展"这一沿用至今的表述；党的十六大报告提出了"两个毫不动摇"，对非公有制经济的发展采取鼓励、支持、引导的态度。党的二十大强调，毫不动摇巩固和发展公有制经济，毫不动摇鼓励、支持、引导非公有制经济发展。再次肯定了坚持"两个毫不动摇"对推动高质量发展的重要性。

2. 界定公有制为主体的具体含义，明确公有制的具体作用和界限

社会主义公有制为主体，具体体现在国有经济的主导作用上，公有制经济的量要以能否保证这种主导地位为限。在单一公有制条件下，不会存在"主导"的问题，只有在多种所有制并存的情况下才会出现。1997年，党的十五大首次对公有制为主体的含义作了清晰界定，分为两层意思：一是公有资产在社会总资产中占优势；二是国有经济控制国民经济命脉，对经济发展起主导作用。报告强调，国有经济起主导作用关键在于控制力，即在关系国民经济命脉的重要行业和关键领域必须居支配地位。而对于量的问题，报告认为只要保证上述的控制力，国有经济比重的减少不会影响社会主义性质。也就是说，公有制经济量的标准是次要的、从属的地位，不是公有制是否为主体的判断标准。目前，以国有企业为代表的公有制经济，虽然占国民经济的相对比重有所下降，但其规模、质量和控制力都得到空前提升。

3.公有制实现形式的多样化

公有制经济形式除全民所有制即国有经济和集体经济以外，还增加了混合所有制经济中的国有成分和集体成分，提出了公有制实现形式的概念，要求公有制实现形式的多样化。一方面，公有制经济形式的扩展，和股份制的实行紧密相关。1992年，党的十四大报告肯定了股份制促进所有权与经营权分离的积极意义，提出要展开试点，落实法规，使之有秩序地健康发展；1997年，党的十五大报告将股份制定位为"现代企业的一种资本组织形式"，本身没有制度属性，股份制的公有和私有关键在于由谁掌握控股权。另一方面，将"公有制形式"和"公有制实现形式"区分开来，也就是将如何经营公有制经济的层面排除出社会主义基本特征之外，1978年农村改革以后，家庭联产承包责任制作为一项基本制度被确定下来，国有农场、乡镇企业、合作社等实现形式也蓬勃发展，国有企业采用全民所有制实现形式或公司制实现形式，也不再看作是社会主义的判断标准，而是根据具体情况来选择采用。2017年底，中央企业全部完成了公司制改革，又迈出了深化国有企业改革的重要一步。党的二十大提出，深化国资国企改革，加快国有经济布局优化和结构调整，推动国有资本和国有企业做强做优做大，提升企业核心竞争力。

4. 提出公有制经济和非公有制经济相辅相成、相得益彰的相互关系

鉴于中国处于并将长期处于社会主义初级阶段的基本国情，公有制经济和非公有制经济可以而且应当形成优势互补、协同共进的局面，为提高社会生产，满足人民需求，维护社会稳定，提升人民生活水平，增强综合国力作出积极贡献，而不是由一方代替另一方，造成相互对立和排斥的情形。这也并不会妨碍公有制为主体的地位，因为公有制经济和非公有制经济能够在不同的经济社会领域发挥作用、凸显优势。当前，需要创造条件加强产权保护，保证各类所有制经济都可以依法公平参与市场竞争，平等使用生产要素，促进各类所有制经济共同发展，为实现社会主义现代化而服务。

（二）收入分配制度的改革

收入分配是当前广泛受到民众关注的话题，也是不平衡不充分的发展表现得较为突出、典型的领域之一。中国的收入分配制度同样经过了很大的改革调整，收入分配格局和结果在不同时期也体现出很不一样的样态。

1.社会主义分配制度的变化

对于社会主义社会要采取什么样的分配制度，马克思主义经典作家已经有所设想。马克思、恩格斯设想共产主义第一阶段即社会主义社会将实行按劳分配，在共产主义社会可以实现按需分配，这种分配制度决定于生产资料公有制的实行。在这样的条件下，生产者不再需要进行产品的交换，由于劳动生产资料被社会集体占有，劳动产品也由社会占有和分配。这时，劳动的数量和质量成为了分配的标准，对劳动者个体而言，他们领回的是同他们付出的劳动量相等的消费资料。不过，按劳分配还存在着"缺陷"，因为这里通行的还是商品的等价交换原则，即同量劳动之间的交换，这种平等对于存在着千差万别的个人天赋的劳动者而言，就成了一种不平等的权利，在这里人只是被作为劳动者看待，而其他的方面都被撇掉了。只有赋予不平等的权利对待不同的人，

第二章
中国式现代化取得的辉煌成就和根本变革是新时代中国社会主要矛盾转化的现实依据

实现按需分配,才能消除这种弊病。但要实现按需分配,只有当个人被迫服从分工的情况消失,劳动成为生活的第一需要,生产力高度发达,物质极大丰富以后,才有可能实现。十月革命以后,社会主义国家都是在马克思的这些论述基础上,构建它们各自社会的分配制度的。中国基本建立社会主义计划经济体制后,对劳动力的就业和工资实行统一的计划分配和规定,在城市,大体分为干部工资系列和工人工资系列,两大系列内部存在着一定的级别和级差,但总体上看差别不大,与此同时,还存在着实物票证制度;在农村,劳动力的使用由生产队进行配置,实行工分制。

改革开放以后,中国形成了以按劳分配为主体,多种分配方式并存的分配制度。其一,中国当前的分配制度,是由公有制为主体,多种所有制共同发展的所有制状况决定的。除按劳分配以外,按生产要素分配出现并成为另一个重要的分配方式。其二,在收入分配领域还引入了新的概念,如初次分配——同生产要素直接联系的收入分配,再分配——在初次分配基础上通过各种渠道在各种社会主体之间转移的收入分配,第三次分配——在再分配基础上进行的社会慈善等。其三,改革开放至今较长一段时间里,都认为收入分配领域存在着效率和公平的关系问题。收入分配对于社会生产有着反作用,所谓效率,就是激发劳动者的生产积极性,能力越强，越能创造更多财富，更好推动生产力发展的人，应当获得更高的报酬。2007年党的十七大之前，一般更注重效率，兼顾公平；而在之后则强调效率和公平的有机统一。党的十八大以后，中央更是将实现收入分配公平作为一项重要任务来抓。党的二十大强调，构建初次分配、再分配、第三次分配协调配套的制度体系。这反映出中国共产党人对收入分配方面认识的不断深化。其四，收入分配制度的变化，带来的是居民收入来源的多样化，从比较单一的工资性收入转变为工资性收入为主，经营收入、财产收入、转移收入并存的局面。

2.收入分配的发展历程

新中国成立至今，中国的收入分配差距和格局总体经历了一个先缩小再扩大的变化过程，即从一个阶级差别巨大的社会，变成一个剥削阶级作为完整的阶级基本被消灭，收入差距极小的社会，再逐渐地伴随经济高速增长出现收入差距的扩大，直到目前成为一个经济总量世界第二、收入分配不那么平等的国家。

新中国成立初期的土地改革和没收官僚资本，改变了大批农民没有土地的情况，将原先大量集中在地主手中的土地进行重新分配。资料显示，到1952年底，土改在中国大陆地区基本完成，全国约3亿无地少地农民无偿获得了7亿亩

第二章
中国式现代化取得的辉煌成就和根本变革是新时代中国社会主要矛盾转化的现实依据

耕地，实现了"耕者有其田"，还分到了耕畜296万头，农具3944万件，房屋3795万间，以前农民每年需要向地主缴纳的3000万吨以上粮食的地租全部免除。通过对封建的、官僚的生产关系实行根本的变革，中国工农业生产资料和生活资料经历了一次大规模的重新分配，彻底改变了旧中国剥削阶级和劳动人民之间存在的严重的财产和收入的不平等。1956年三大改造完成，全国绝大多数民众成为社会主义公有制经济组织的成员，在计划经济的城市工资制度和农村公分制度下，虽然存在着城市和农村的二元体制，但全国的收入分配差距总体不大。而且从1957年开始到改革开放之前，历次的政治运动经常将矛头对准收入差距，形成了绝大多数民众收入差距很小，近乎于平均主义的极为扁平的"飞碟型"收入分配格局。

1978年改革开放以后，中国收入分配差距经历了先相对缩小，再显著扩大，然后从高位波动回落的变化。当前衡量一国收入分配状况的重要指标是基尼系数，中国政府、世界银行以及专家学者都对改革开放以来不同时间段中国的基尼系数进行了测度和估算，1981年至2016年中国的基尼系数变化大体可分为三段：第一段是1981年至1983年，第二段是1984年至2007年，第三段是2008年至2016年。第一段的基尼系数呈下降趋势，反映了1978年农村改革启动所释放的红利,"包产到户"激发了广大农民的生产积极性,生活水平得到了改善,数据表明,1978年至1985年,农村居民人均可支配收入从人民币133.6元提高到397.6元,明显快于同期城市居民人均可支配收入的增速。正是城乡收入差距的缩小,成为这些年基尼系数下降的主要原因。不过,第二段则是一个基尼系数较快增长,中国收入分配差距显著扩大的阶段。中国总体基尼系数从1984年开始不断增长,1993年前后基尼系数首次突破0.4的警戒线,此后虽然有所回落,但总体上居高不下且持续增长,在2008年达到0.491的最高值。这是一段国有企业改革深入推进,计划经济体制步步瓦解,社会主义市场经济体制渐次形成,对外开放不断扩大,执行"让一部分人先富起来"发展战略和"效率优先,兼顾公平"原则的时期。不论是城乡差距,还是区域差距或行业差距,都有了非常明显的拉大,收入分配格局从平均主义的"飞碟型"向着中低收入阶层占绝大多数的,上小下大的"金字塔型"转变。从绝对数值上看,全国居民人均可支配收入提升明显,从1985年的人民币478.6元增至2007年的8583.5元;城市居民收入水平的快速增长是主要的拉动因素,2007年城市居民人均可支配收入达到了13602.5元,而1985年仅有739.1元;可与此相伴的是农村居民人均可支配收入增长的相对缓慢和城乡居民收入差别的拉大,虽然农村

第二章
中国式现代化取得的辉煌成就和根本变革是新时代中国社会主要矛盾转化的现实依据

居民收入水平的绝对数也有客观的提高，2007年农村居民人均可支配收入已达到4327元，但仅仅相当于同一时期城市居民人均可支配收入的三分之一不到，而1985年城市居民人均可支配收入大约是农村居民的1.86倍。第三段的基尼系数总体维持在0.4以上的高位，但稳中有降，反映出中国收入分配差距较大，不过出现了缩小的苗头。进入21世纪以来，越发明显的收入差距，引起了社会各界对分配公平的广泛关注。从党的十七大报告将收入分配问题放在改善民生的章节来谈，而不是归在经济改革方面，标志着对于收入分配工作重点的变化。2008年到2019年，中国居民人均可支配收入跃上新台阶，2009年突破10000元人民币，2014年超过20000元，2022年达到36883元；其间，城镇居民人均可支配收入从15549.4元增至49283元，农村居民人均可支配收入从4998.8元上升到20133元，城乡居民人均可支配收入的相对差距有所缩小，收入分配格局出现从"金字塔型"向更合理的"橄榄型"过渡的趋势。

居民收入分配情况，是能够直接反映人民生活水平的一项重要指标。新中国成立后、改革开放以前，为了建立独立完整的工业体系和国民经济体系，增强抵御外敌入侵的能力，国家在人民生活方面号召节约，通过计划经济体制实行高积累政策，一定程度上限制了用于人民消费方面的资源投入。改革开放以后,中央把满足人民日益增长的需要作为经济社会发展的最终目标,在收入分配问题上的总思路是允许一部分人先富起来,先富带动后富。这就是说,要以解放和发展生产力为中心,适应生产力不同发展阶段的要求,在一个时期要运用收入分配杠杆激发民众生产积极性,允许收入差距的拉大;在另一个时期,即在人民生活提高到一个相当的水平时,要更加注重社会公平,采取各种手段使先富带动后富,从而实现共同富裕。当前,不合理的收入分配差距和格局本身就是不平衡不充分发展的一个重要表现,存在着出现贫富两极分化的可能性;收入差距的悬殊会扭曲各类市场信号,不能正确反映生产和消费的客观情况,引起供求关系失衡,抑制科技进步和内需扩大,阻碍经济发展方式的升级;值得一提的是,收入分配差距悬殊严重破坏社会公平,降低民众获得感和幸福感。总而言之,收入差距的作用从推动生产力转为束缚生产力,厉行收入分配制度改革,促进社会公平正义,已是刻不容缓。

(三)社会主义市场经济的确立与完善

建立社会主义市场经济是中国经济体制改革的目标,是中国共产党对马克思主义政治经济学作出的原创性贡献。实践证明,实行社会主义市场经济,符合社会主义初级阶段生

第二章
中国式现代化取得的辉煌成就和根本变革是新时代中国社会主要矛盾转化的现实依据

产力发展的基本要求,证明了在社会主义公有制条件下,同样可以使市场在资源配置中发挥决定作用。社会主义市场经济体制的确立和完善,同样是新时代中国社会主要矛盾变化发展的生动体现。

传统观念认为,社会主义需要实行计划经济,是在很长一段时间内得到公认的原则结论。马克思主义经典作家在谈到社会主义的经济社会形态时,都认为社会主义应该采用的是某种具有很强社会计划性质的经济体制。新中国成立后,中国共产党人对于社会主义社会采取计划经济,是作为一个被验证了的原则认识接受过来的,区别只在于要采取什么方式,花费多长时间来从新民主主义过渡到社会主义。1953年中国开始实施第一个五年计划,1956年随着社会主义改造的完成,计划经济体制也基本确立。应该说,中国实行计划经济,并不只是出于对社会主义意识形态的考虑,更是基于中国需要尽快建成维持国家独立自主所必需的工业基础的历史任务的现实选择。另外,从二战结束直至20世纪70年代,许多国家和地区,既有发达资本主义国家,也有刚刚独立的民族国家,都选择了计划经济或者加强经济发展的计划性,这决不能说是偶然的。由于重工业即进行生产资料生产的工业普遍具有极其庞大规模的初始投资、建设周期漫长且回报较慢、大量原料和设备需要国外进口等特点,这对于当时作为一个落后农业国的中国而言，只有依靠国家政权的力量，才能具有建设重工业所需的强大组织动员能力，只有依靠计划经济体制，才能将有限的农业剩余产品集中起来从国外换取必需的原料和设备，也就是说，中国选择计划经济，主要是受发展战略和资源禀赋决定的一个内生性结果。20世纪70年代末80年代初，尽管经历了一些挫折和失误，中国还是基本实现了建立独立完整的工业体系和国民经济体系的目标，具备了维护国家主权和安全的经济基础和国防力量，同时美苏两极格局的外部环境发生积极变化，才促使中国能够放心大胆地调整基本发展战略，实行改革开放。

从1978年至21世纪初，中国可以说基本完成了从计划经济到社会主义市场经济的转变。1978年至1992年，中国实现了对于"社会主义也可以搞市场经济"的理论突破，标志是党的十四大正式将社会主义市场经济作为经济体制改革的目标。在此之前，中央首先认识到社会主义计划经济需要市场的补充和调节，提出"计划经济为主，市场调节为辅"的论断，不过这时的市场机制主要是在消费品市场起作用，计划经济的框架还没有被根本突破。1984年以后，中央进一步解放思想，将中国的经济体制表述为"有计划的商品经济"以及"国家调节市场，市场引导企业"。随着市场调节部分的不断扩大，中国开始采取"价格双轨制"等过渡性措

第二章
中国式现代化取得的辉煌成就和根本变革是新时代中国社会主要矛盾转化的现实依据

施，并在20世纪90年代初实现计划价格和市场价格的"并轨"，市场机制也继续深入到生产资料等要素市场领域，上海、深圳证券交易所的营业，标志着中国金融市场的起步。从1992年至21世纪初，计划经济的基本框架被彻底瓦解，国家计划的作用不再是对经济运行直接下命令，而是在市场作用的基础上发挥宏观经济调控的角色；公有制经济单位经过改革，绝大部分成为自主经营，自负盈亏的市场主体，非公有制经济不断发展，对促进市场竞争起到了积极作用；劳动力同生产单位绑定和计划分配的制度被废除，劳动者可以在市场上自主择业。政府机构改革和各种法律法规的出台，使市场环境得到积极的改善。中国摆脱了计划经济时代的普遍短缺状态，市场成为资源配置最主要的调节者。

进入21世纪以来，中国经济体制改革已经完成了改革旧体制的任务，改革的目标转变为如何完善社会主义市场经济，化解体制内部存在的弊病和漏洞。2000年以后，经济改革之中所遇到的问题，更多地来自于新机制本身，而不是旧体制的"残余"，这样的变化，也就是发展不平衡不充分不断凸显的结果。一是过度市场化和市场化不足同时存在。当前，中国的要素市场的体制机制仍然不健全，市场的决定作用还没有得到充分发挥，劳动力市场还有着城乡户籍的二元制度，劳动者工资和待遇偏低，权利保障还不到位。二是各类市场主体之间矛盾的管理和化解问题突出。企业之间频繁出现大打"价格战"的恶性竞争；垄断力量的形成，阻碍着行业整体的健康发展和科技创新，劳方和资方、生产者和消费者、企业和政府、大企业和小企业之间的矛盾交织重叠。可见，要解决这些问题，既要使市场在资源配置中的决定作用，也必须更好发挥政府作用，并把二者有机结合起来，化解发展的不平衡不充分，从而满足人民日益增长的美好生活需要。这是其他任何国家都没有先例可循的，因为中国社会主义市场经济的独特体制，决定了市场作用和政府角色都不可能与西方市场经济模式相同，亟待新时代的理论创新和实践创新。

三、上层建筑的持续调整：
社会主要矛盾转化的关键因素

一般而言，上层建筑包括政治上层建筑和文化上层建筑两大方面。新中国的成立，使中国选择了社会主义道路，在中国共产党的领导下确定了社会主义的国家制度，将马克思主义作为国家的意识形态，这两点是70多年来从未改变的根本特性；不过政治领域和思想文化领域在改革开放前后，也具有十分明显的区别和各自的特征。

第二章
中国式现代化取得的辉煌成就和根本变革是新时代中国社会主要矛盾转化的现实依据

（一）社会主义政治制度的不断完善

社会主义政治制度如果用一个词来概括，那么必然就是无产阶级专政。人民民主专政是中华人民共和国的国体。人民民主专政实质是无产阶级专政，即在工人阶级领导下，将对人民内部实行民主和对人民的敌人实行专政相结合的政治制度。在社会主义社会，人民民主专政基本任务就是保卫社会主义制度，领导和组织社会主义建设。1954年制定的新中国第一部正式宪法明确将人民民主专政载入，改革开放后通过的1982年宪法恢复了人民民主专政的提法，并延续至今。一方面，理解人民民主专政，关键在于如何认识人民。新中国成立初期，对于人民的理解就是包括无产阶级、农民阶级、城市小资产阶级和民族资产阶级在内的阶级联盟。社会主义改造完成后，由于社会经济结构的变化，阶级结构同样发生了改变，这时，人民的范围就是一切赞成、拥护和参加社会主义建设事业的阶级、阶层和社会集团，成为一个依照政治立场和态度划分的概念。改革开放之后，变化了的经济基础之上出现了民营科技企业的创业人员和技术人员、受聘于外资企业的管理技术人员、个体户、私营企业主、中介组织的从业人员、自由职业人员等社会阶层，阶层之间的流动性也比过去大大加强，这些社会新阶层被确定为"有中国特色社会主义事业的建设者"。现行宪法载明，现阶段人民的范围包括社会主义劳动者、社会主义事业的建设者、拥护社会主义的爱国者和拥护祖国统一的爱国者。另一方面，无产阶级不是直接利用国家实行政治统治，而是通过其先锋队——中国共产党来实现的。2018年，中国共产党领导是中国特色社会主义的最本质特征被写入宪法。中国共产党的领导地位和中国社会主义事业的核心位置，是人民民主专政的国体所决定的，这一条在新中国70多年的发展之中从未动摇。

人民代表大会制度是中华人民共和国的政体，是中国社会主义的根本政治制度。人民代表大会制度贯彻了民主集中原则和议行合一原则。民主集中制的起源是列宁领导的布尔什维克对俄国革命的实践探索，起初是布尔什维克党内的组织活动原则。苏联建立后，民主集中原则被应用于国家层面。毛泽东对民主集中制的内涵表述为民主和集中的统一，自由和纪律的统一，民主是在集中指导下的，集中又是在民主基础上的，它内在地要求实行集体领导和个人分工相结合。对于不同意见的处理，要通过组织程序进行自由表达和充分讨论，而不能采取强制命令或压服的方法，一旦作出决定，必须坚决执行，在此基础上可以对不同意见声明保留。人民代表大会制度还体现了议行合一原则，即只存在一个最高权力机关，行政机关、司法机关、监察机关的权力均由其

第二章
中国式现代化取得的辉煌成就和根本变革是新时代中国社会主要矛盾转化的现实依据

授予,与"三权分立、权力制衡"的原则有根本不同。在这种制度安排下,人民代表大会是一个实干机构,人民代表绝大多数从事着实际工作,并没有脱离生产生活实践。人民代表大会制度作为根本政治制度,是反映社会主义根本属性的层面,同样需要长期坚持。中国还有一系列其他的基本政治制度和政治安排。例如民族区域自治制度,中国共产党领导下的多党合作的政治协商制度,基层群众自治制度等。

1978年后,中国的政治体制改革稳步推进,为适应社会主义市场经济的需要,进行了许多重大改革。邓小平在《党和国家领导制度的改革》中提出要解决官僚主义、权力过分集中、家长制、干部领导职务终身制和各种特权的弊病,成为政治体制改革的一份纲领性文献。在此基础上,党的十三大首次对政治体制改革问题进行了集中阐述。目前,中国已废除干部终身制,根据经济社会发展的具体需要,先后9次大幅改革政府机构,注意改进党的领导方式,理顺党和政府之间的权责分工。2018年各级监察委员会正式设立,是国家机构改革的一大重要成果。社会主义法治建设成果显著,中国特色社会主义法律体系基本形成,为经济社会的各个方面确定了法律依据,保护了人民群众的权益。2021年1月1日,《中华人民共和国民法典》正式实施,成为中国社会主义法治历程上具有里程碑意义的事件。

新时代中国社会主要矛盾的变化发展，在政治领域也有典型的表现。政治领域的某些方面形势严峻，甚至在现实中提出了"红旗还能打多久"的问题。党的领导在一个时期出现了弱化，管党治党存在着"宽、松、软"的问题；贪污腐败问题丛生，部分党员领导干部丧失理想信念，大搞官僚主义、享乐主义、形式主义和奢靡之风，严重脱离群众，破坏社会公平正义；党的执政能力和政府行政能力落后于经济社会发展实际需要。

（二）思想文化领域的变化发展

思想文化是上层建筑的一大主要组成部分，其中所包括的内容和方面十分广泛。马克思主义经典作家指出，思想文化受经济基础决定，同时又有相对独立性，对经济社会发展有着反作用等一般结论，他们普遍强调思想理论斗争的重要性，认为革命的成功必须要以正确的科学理论指导来保证。

中国共产党关于思想文化方面的理论和政策可以上溯至民主革命时期，成为新中国成立后文艺工作的基本准则和行动指南。新中国成立后，文艺事业得到了很大发展，中华全国文学艺术界联合会、中国作家协会等人民团体相继成立，毛泽东和党中央提出"百家争鸣，百花齐放"的方针，这个时期产生了大批反映中国革命与国家建设艰辛历程和辉煌成

第二章
中国式现代化取得的辉煌成就和根本变革是
新时代中国社会主要矛盾转化的现实依据

就的优秀文学艺术作品,如音乐《没有共产党就没有新中国》《北京的金山上》,电影《上甘岭》《英雄儿女》《冰山上的来客》,话剧《龙须沟》《茶馆》,革命现代芭蕾舞剧《红色娘子军》,大型音乐舞蹈史诗《东方红》等,其中许多至今都是广泛流传的文艺经典。不过,1957年以后,思想文化领域越来越被作为阶级斗争的战场,存在着政治对文艺工作的过度干预。总之,新中国成立后到改革开放前,由于社会主义基本制度的建立,文化艺术得到了前所未有的繁荣发展,不过在处理政治和文化的关系方面出现了一些失误和比较严重的错误。而且,在冷战格局和中苏交恶的环境下,中外文化的交流十分有限,对中华优秀传统文化的继承和发扬不够,文艺从内容来说相对比较单一。

改革开放以来,中国文化事业发展的目的,调整到了满足人民日益增长的文化需要的正确轨道上,文化出现了有一个大发展大繁荣的时期。一是文化机构和文化产品的数量大幅增加,文化支出成为居民消费的重要组成部分,成为推动中国经济社会发展的重要方面,这在数据上有着十分鲜明的对比。1978年,全国出版图书14987种,期刊930种,报纸186种,各类文化馆(站)6893家,博物馆349家;2019年,全国出版图书种类超过50万种,期刊10171种,报纸1851种,文化馆(站)数量4.4万余家,5000多家博物馆分布于全国各地。二是数量急剧增加的同时，文化内容和载体的质量也有很大提升，从磁带、录像带，到软盘、光盘，再到U盘、移动硬盘，如今云存储已经广泛普及，在众多文艺作品中，不乏精品之作，如小说《平凡的世界》《三体》，电影《战狼》《流浪地球》，电视剧《三国演义》《人民的名义》等等，题材也打破了相对单一的情况，更多的是在市场上接受广大消费者的评价。三是由于传播媒介的变化，互联网新媒体的影响力越来越大。在信息革命的推动下，互联网和移动智能终端的结合产生了惊人的影响力，微信、微博、抖音、快手等各种手机应用程序成为民众日常生活必不可少的平台和工具，通过互联网和智能手机，既是文化产品的消费者，也是文化产品的生产者，传统文化形式承受着巨大的冲击和压力。四是相对单一的思想文化氛围和传统媒体"一统天下"的时代已成为过去，思想文化多元化的趋势更加明显，人们从出生起就面对着庞杂繁多的思想主张。改革开放使中华优秀传统文化得到较好的恢复和发展，世界各个文明的交流互鉴更加紧密。

当前，新时代中国社会主要矛盾在思想文化领域的表现也非常突出。这里的不平衡，强调的是思想文化领域的结构性问题，例如文化政治功能和艺术功能的正确把握，传统媒体和互联网新媒体的融合发展，意识形态领域"一元指导"

第二章
中国式现代化取得的辉煌成就和根本变革是新时代中国社会主要矛盾转化的现实依据

和"多元并存"的辩证关系等；思想文化领域的不充分，其含义也并不是单纯的文化产品绝对数量的不充分，而是能够有效满足人民精神文化需求，符合社会主义现代化建设发展要求的高质量文化产品和艺术形式的不充分。

第一，虽然文化事业、文化产业都得到了极大发展，文化产品的数量也足够丰富，但依旧不能充分满足人民的文化需要。当前，部分文艺作品粗制滥造，质量低劣，再搭配上毫无演技的"小鲜肉"，尽管恶评不断，却仍然源源不断地产出，形成了一个畸形的链条；一些影视作品传递着极为错误的价值观，歪曲历史事实，大搞历史虚无主义。例如"宫斗剧""戏说剧"泛滥，形形色色的选秀节目层出不穷，浅薄低俗的娱乐化导向广受诟病，缺乏直面现实问题，反映人民生活的精品。而主旋律文艺作品虽然在制作技术上同过去相比都有了很大进步，但在接受社会和市场评价的层面却经常遭遇失败，反响平平。反而是20世纪八九十年代在各种技术条件都比较落后时期拍摄的"大决战"系列电影、四大名著电视剧、改革开放前的老电影的网络播放量持续上升，被电视频道多次重播。这说明，人们的文化修养、艺术理念和辨别能力已经大幅提高，对文艺作品的要求更重质量、内涵，并且更加个性化、多样化。

第二，在国内外多重因素的共同作用下，文化意识形态多元化的趋势增强，其中的落后、腐朽文化对国家主权和制度安全造成了冲击。国内改革使社会阶层出现明显的分化整合，有着各不相同的文化需求和利益表达，一些所谓"女德班""学社"打着传统文化的旗号，实质上意图恢复封建礼教等文化糟粕，享乐主义、拜金主义、形式主义、奢靡之风等腐朽思想也有所蔓延。国门的打开和国际文化交流的增加，必然使西方形形色色的思想主张一并到来，对社会造成了深刻冲击，西方哲学、政治思潮与文化涌入国门，个人主义、自由主义发展起来，冲击着集体主义、社会主义观念。需要引起警惕的是，上述这些落后腐朽思想，对相当一部分民众产生了明显影响，尤其是少数党员领导干部，在各类物质诱惑和错误思想的牵引下，丢失了身为共产党员的理想信念和基本原则，公开鼓吹反马克思主义的思想主张，攻击社会主义制度，滥用人民赋予的公权力，甚至甘愿成为国内外反共反华势力的代理人，不知不觉成了西方资本主义意识形态的吹鼓手，成为危害党和人民事业的腐化分子。

西方敌对势力一直未放弃在意识领域形态的渗透。改革开放之初，受国内外环境的影响，资产阶级自由化思想有所抬头，国内外的反共反华势力，借着改革过程中一时的缺点错误，鼓吹在中国实行西方议会制、多党制，丑化、否定中国共产党的领导和社会主义制度，出现了不少非法刊物、社会组织和集会游行。当时的党中央采取了一系列措施来抓社会主义精神文明建设，坚决反对资产阶级自由化，不过，"一手硬，一手软"的问题仍然存在。20世纪90年代，中央在全党开展了"讲学习，讲政治，讲正气"教育活动；进入21世纪，又提出建设社会主义核心价值体系的任务，党的十八大又凝练出社会主义核心价值观。同时，中国共产党人的马克思主义理论创新也在进行，中国特色社会主义理论体系不断丰富，这些举措对于促进社会主义精神文明建设，清除落后腐朽文化观念起到了积极作用。然而，社会思想意识形态的问题依然十分突出，党的领导有所弱化，马克思主义在媒体、校园等环境内一度出现"失语""失踪""失声"；面对大是大非的原则问题，不敢站出来同错误思想斗争；民族自信出现动摇，崇洋媚外、批评中国社会制度一度成为舆论"风尚"；对待突发社会舆论事件，部分相关部门的处理方式被动、老套、笨拙，信息发布不及时，治理能力不足的问题明显暴露。

四、从封闭半封闭到扩大开放

国际环境作为外部因素，在不同的时期以不同的方式影响着中国社会主义事业的发展，同时中国的外交选择也对世界的走向产生着重要影响。在对外关系的持续调整中,可以看到新时代中国社会主要矛盾转化的清晰脉络。中国共产党人始终都对中国和世界的紧密联系有着清醒的认识,一直都明确闭关锁国、关起门来搞建设绝非长久之计,在不同的时期,中国都在不懈争取畅通与世界的联系。党的十一届三中全会以后,随着国际国内局势的改变,对外开放事业取得了越来越大的成效,使中国成为世界经济不可分割的一部分,以及国际事务必不可少的积极参与者。

(一)改革开放前新中国的外交努力

中华民族和中国人民在反帝国主义的国际斗争之中,成功取得了一个平等有利的国际地位。平等,是指新中国作为一个获得普遍承认的主权国家参与国际事务;有利,是指同解决国家、民族所面对的主要矛盾相适应的国际环境。以毛泽东为核心的党中央,从一开始就深刻意识到中华民族和世界之间不可割断的联系,为打破帝国主义的封锁和外交孤立做了大量工作。

1949年新中国成立前后,中国共产党就已经确立了简称为"一边倒"外交政策。第二次世界大战结束后,美国和苏联成为有力量左右世界格局的两个超级大国,而社会主义力量得到很大发展,在东欧出现了一批人民民主国家,资本

第二章
中国式现代化取得的辉煌成就和根本变革是新时代中国社会主要矛盾转化的现实依据

主义国家内共产党的实力也十分壮大,工人运动和民族解放运动高涨,直接威胁到了资本主义的根本秩序和帝国主义世界殖民体系。1946年3月5日,英国首相丘吉尔在访问美国期间发表了著名的"铁幕演说"正式揭开"冷战"大幕,美国等资本主义国家率先开始采取一系列遏制苏联、反对共产主义壮大的措施。国际局势变化,当然影响到正处在解放战争期间的中国。蒋介石领导的国民政府采取亲美政策,争取美国支持来消灭中国共产党,同苏联越发疏远、敌对;而苏联虽然在官方层面仍然承认蒋介石政府的合法地位,但也更多表现出对共产党的支持,尤其在1949年初,战争局势已发生根本转变,联共(布)委派中央政治局委员米高扬于1月秘密来华,到达党中央所在地西柏坡同毛泽东等领导人会面,加强了两党的相互理解和相互关系。在2月召开的党的七届二中全会上,毛泽东在会议总结中专门谈到了中苏关系和坚持国际主义的问题。6月30日撰写的名篇《论人民民主专政》公开宣布了"一边倒"的方针,全面倒向以苏联为首的社会主义阵营。

中华人民共和国成立后,按照"一边倒"的方针,与苏联和各人民民主国家的交往迅速发展起来。苏联在新中国成立后的第二天就宣布予以承认,此后,波兰、捷克斯洛伐克、保加利亚、蒙古等人民民主国家也先后宣布承认并同新中国建立外交关系。1950年2月14日，中苏签订《中苏友好同盟互助条约》《关于中国长春铁路、旅顺口及大连的协定》《关于苏联贷款给中华人民共和国的协定》等一系列外交文件，苏联开始大规模地对中国进行人力、物力、财力的援助，中国则向苏联和其他人民民主国家供应农产品、工业原料等货物。1953年5月15日，中苏正式签订《关于苏维埃社会主义共和国联盟政府援助中华人民共和国中央人民政府发展中国国民经济的协定》，载明1953年至1959年苏联将为中国援建91个企业；再加上1950年已确定的50项以及1954年追加的15项，合计156项工程，都列入了中国的第一个五年计划。这些项目对于中国的工业化建设具有极为重大的意义，如果没有苏联和其他人民民主国家在这一时期的帮助，中国不可能在20世纪70年代末，仅用了30年左右的时间，建成一个独立完整的工业体系和国民经济体系。1957年11月召开的社会主义国家共产党和工人党代表会议以及世界共产党和工人党代表会议，是当时社会主义阵营空前团结一致的标志，意味着中国同苏联和各人民民主国家的友好合作关系达到顶峰。据学者研究，1960年之前，苏联向中国大量派出各行各业的专家和顾问共计18000人之多，为中国培养了大量专业技术人才，带来了先进的现代化工业管理理念。

第二章
中国式现代化取得的辉煌成就和根本变革是新时代中国社会主要矛盾转化的现实依据

中国同西方资本主义阵营进行了有理有利有节的斗争,充分抓住历史机遇,争取到美国等西方国家的外交承认。由于以美国为首的西方资本主义国家不断加强推行全球反共战略和政策,"联合国军"在朝鲜战争期间同中国人民志愿军还发生了直接的"热战",因而西方集团普遍采取了政治上拒绝承认新中国合法地位,继续支持台湾的蒋介石政权,经济上对中国采取外部封锁和贸易禁运,外交上采取拒绝接触、敌视对抗的策略。不过,西方国家在国际问题上,又不得不同中国打交道,这就为中国打破敌视封锁创造了开展斗争的平台和机会。1954年,中国在同英国建立代办级外交关系的同时,继续要求英方彻底断绝同台湾方面的一切实际联系;1964年1月27日,中国和法国正式建立外交关系,取得了打破西方敌视封锁的又一关键突破;从1955年8月1日开始,中美之间开始举行大使级会谈,至1970年2月20日共举行了136次会议,作为双方在无正式外交关系条件下的一种沟通斡旋机制,也是中国了解美方立场、维护自身权益的一条重要渠道。20世纪70年代,由于中国和苏联的关系不断紧张,而同时美国和西方国家在冷战格局中处于相对守势,由此打开了中国改善同西方阵营关系的大门。1972年2月,美国总统尼克松访问中国,标志两国关系正常化进程取得关键进展,同年,中英外交关系正式升格为大使级,

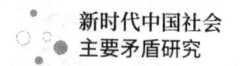

中日也实现了关系正常化。

中国积极支持全世界被压迫民族和被压迫人民的革命与解放斗争，组织世界反帝国主义统一战线，赢得了亚、非、拉人民的信任，在挣脱殖民枷锁独立的新兴民族国家之中打开了局面。中国出席了1955年4月在印度尼西亚召开的万隆会议，周恩来总理代表中国表达了各方在和平共处五项原则基础上，求同存异，团结合作反对帝国主义、殖民主义，维护世界和平，争取实现完全独立的一贯主张。1963年底到1964年初，周恩来总理进行了对亚非十三国的大出访，其间形成的关于中国对外经济技术援助的八项原则，成为中国至今仍须遵循的对外关系基本准则之一。1971年，在新兴民族国家的支持下，中国成功恢复了联合国的合法席位；到1976年，世界上已有113个国家同中国正式建立外交关系，标志着新中国已获得国际社会的普遍承认。

（二）改革开放以来中国对外开放的突破

20世纪80年代以后，国际局势和世界格局变化迅速且巨大，中国在1978年开启了改革开放的新时期。1991年，随着苏联的解体，美苏两极格局终结，"一超多强"的多极化格局和经济全球化迅速推进，2008年国际金融危机以后，"逆全球化"的势力有所抬头，2019年末开始的新型冠状病

第二章
中国式现代化取得的辉煌成就和根本变革是新时代中国社会主要矛盾转化的现实依据

毒肺炎全球大流行,对世界和平与发展造成了明显冲击。在正确估计国内外局势以后,中国高举维护世界和平,促进共同发展的旗帜,不断扩大对外开放,对世界的影响力与日俱增。

第一,中国基于对国际形势和时代主题的正确判断,调整了中国对外工作的基本方略。一方面,1985年3月4日,邓小平正式提出了"和平与发展"两大时代主题;同年6月4日,邓小平进一步指出在一个较长时间避免世界大战是现实的,说明中国共产党人对于时代主题的涵义变得更加清晰明确,并在此之上调整中国的对外工作基本路线。另一方面,改革开放以后,中国重新确立独立自主不结盟的外交政策,停止了对一些国家左翼政党和武装力量的支持,不再按照意识形态进行划线,又同一些重要的国家建立了外交关系。1979年,中美正式建交;1991年中国与苏联、越南实现关系正常化;1992年,中国承认韩国的主权国家地位并建立大使级外交关系;1997年,中国与南非正式建立外交关系。上述这些外交关系的建立,对于中国在相应地区和国际合作之中的地位和作用,具有十分重大的意义。

第二,中国推动国内改革,逐步构建起全方位、多层次、宽领域的对外开放格局。一是开放区域和市场化程度不断扩大。从1980年首次设立四个经济特区,到设立沿海开放城市和沿海经济开放区,再到2013年9月以后设立的自由贸易试验区和自由贸易港,体现出从沿海、边疆到内地的开放过程,以及市场化、国际化不断深入的发展态势。2019年8月9日,中央决定在深圳建设中国特色社会主义先行示范区,力图在21世纪中叶将深圳变为竞争力、创新力、影响力卓著的全球标杆城市;另外,中央于2020年底决定支持上海浦东新区打造社会主义现代化建设引领区,这两个地区成为了新时代改革开放的"风向标"。二是进出口贸易快速发展。1978年,中国货物进出口总额仅有206.4亿美元,其中出口97.5亿美元,进口108.9亿美元,货物进口略高于出口;40年后的2018年,中国货物进出口总额达到46224.2亿美元,其中出口24866.8亿美元,进口21357.3亿美元,成为世界第一货物贸易大国;2018年中国实现服务贸易进出口总额为7918.8亿美元(出口2668.4亿美元,进口5250.4亿美元),保持较快增长势头。三是利用外资水平不断提高。改革开放之初,中国开始尝试从中国香港、中国澳门以及华人华侨引资,并同日本、美国签订了经济贸易合作协议,批准并成立中外合资公司。进入21世纪以后,外资利用水平提高迅速,2010年实际使用外资和外商直接投资突破1000亿美元,2018年中国实际使用外资和外商直接投资分别达到1349.66亿美元和1349.66亿美元,资金主要来源有香港、

第二章
中国式现代化取得的辉煌成就和根本变革是新时代中国社会主要矛盾转化的现实依据

澳门、台湾等地区，也有日本、德国、英国、美国等国家。四是营商环境不断改善，法律法规不断健全。中国实行汇率改革，推进人民币直接结算，2016年9月30日被国际货币基金组织批准加入特别提款权货币篮子，成为可自由使用货币；中国逐渐改变对外资的特别待遇，放宽或取消部分行业对外资的准入限制，2019年全国人大通过《中华人民共和国外商投资法》，规定对外商投资实行准入前国民待遇加负面清单管理制度，保护外商在华各项合法权益，规范外商在华投资的行为模式。

第三，中国积极融入世界，成为国际事务的重要参与者。一是中国重视国际组织的作用。1971年恢复联合国合法席位后，中国陆续加入了一系列国际机构，1980年4月17日中国恢复在国际货币基金组织的会员身份，1991年以主权国家身份加入亚太经济合作组织，2001年12月11日，中国经历漫长的谈判后正式加入世界贸易组织。中国还发起或作为发起国之一，构建了上海合作组织（2001年）、亚洲基础设施投资银行（2015年）、金砖国家合作机制（2009年起）、"一带一路"倡议（2013年提出）等国际协作机制和渠道。二是中国积极履行国际责任。中国经济的持续高速增长，成为国际经济的一大推动力。2008年国际金融危机爆发至今，中国对世界经济增长的贡献率年均达30%以上。

中国以20世纪60年代形成的"八项原则"为指导,帮助发展中国家和地区的经济社会发展,增强其经济的独立自主。据统计,1950年至2016年,中国累计对外提供援款4000多亿元人民币,实施各类援外项目5000多个,其中成套项目近3000个,举办11000多期培训班,为发展中国家在华培训各类人员26万多名。中国还参与南苏丹等地的维和任务,派出军舰执行亚丁湾索马里海域护航任务,参与化解柬埔寨、伊朗、朝鲜半岛等地区问题,呼吁通过和平谈判解决地区冲突,为维护和平、促进发展贡献了力量。三是中国深入扩大国际经济文化参与程度。1978年至2016年,中国累计对外直接投资超过1.2万亿美元,截至2021年,中国对外直接投资存量高达278514971万美元。中国居民出境人数持续上升,中国学生出国留学人数、从事经济文化交流活动频次和人数均呈上升趋势。

(三)对外开放历程的特点和问题

可以看到,中华人民共和国成立至今的70多年,中国共产党人始终明白闭关自守是行不通的,一直在为打破孤立、实现开放而努力。中国对外工作之中所发生的失误,根本在于没有正确认识时代主题、国际形势和自身基本国情,也就是说,实质上是对中国社会的主要矛盾和世界的主要矛

第二章
中国式现代化取得的辉煌成就和根本变革是新时代中国社会主要矛盾转化的现实依据

盾的把握问题。而从新中国外交工作的历史进程还能看出,国际国内并非截然分开的独立存在,而是时刻保持着内在的相互关系,对中国共产党人不同时期所采取的战略和策略发挥着巨大影响。

首先,要正确认识改革开放前中国封闭半封闭状况的形成原因。一方面,新中国一成立,中央人民政府就发出公告,表示愿意同遵守平等、互利及互相尊重领土主权等项原则的任何外国政府建立外交关系;但以美国为首的西方国家对新中国采取政治敌对、经济封锁的政策,造成中国和西方国家的交往几乎断绝,这种"半封闭"局面主要是外部原因导致的。中国在这一时期保持着同社会主义阵营的交流合作,苏联和各人民民主国家对中国的巨大经济援助,就是中国这种开放政策的最大成果。另一方面,1958年以后,中国和苏联以及许多人民民主国家的关系开始恶化,主要原因在于社会主义国家关系和国际共产主义运动中的大党主义、大国主义。中苏交恶以后,两国边界经常出现摩擦,甚至发生"珍宝岛事件"这样的武装冲突,苏联在中苏、中蒙边界持续增加军事力量和部署导弹,对中国的国家安全造成了现实威胁。所以,20世纪60年代以后同社会主义国家关系的恶化,同样不能完全归咎于中国的"自我封闭",很大程度也来自外部因素,这一时期,中国为打破孤立局面,加强了同"中间地带"即新兴民族国家的交往，同时在20世纪70年代改善了同美国、日本等国家的关系，制定了从西方国家大批引进成套技术设备的"四三方案"。

不过，必须承认，改革开放前中国的封闭半封闭状态是一个客观事实，尤其是在经济方面更为突出。从自身的原因看，一是当时的中国领导人对于半殖民地半封建中国的屈辱历史印象深刻，将搞"合作社"（即中外合资公司）、外国贷款、对外投资等都视为是资本主义进行"渗透"、侵犯国家经济独立或实行对外经济侵略的手段。二是就计划经济体制而言，它本身具有一定的封闭特点，同充满波动和风险的世界市场的过多连接，会对计划经济的平稳运行造成很大的扰动。三是中国对于世界形势的判断仍然维持着"战争无法避免，革命处于高潮"的判断，从而将工作的重点放在加强本国的自力更生能力和支持组成反对帝国主义、修正主义的国际统一战线上，采取了三线建设、修建人民防空工程，对左翼政党和武装力量给予支持等行动。这也是改革开放之前中国倾向于保持封闭半封闭状态的主要原因。

其次，中国对外工作的不同阶段，有着连贯的历史脉络，不能相互割裂和互相否定。其一，改革开放以前，新中国已经基本得到世界主要国家的承认，为1978年以后的对外开放创造了最基本的条件。中国对于世界反帝民族解放运

第二章
中国式现代化取得的辉煌成就和根本变革是新时代中国社会主要矛盾转化的现实依据

动的支持和对新兴民族国家的无私帮助，证明了中国永远属于、永远站在第三世界一边，为中国发展同广大发展中国家的关系、开展"南南合作"奠定了基础。其二，中国对外工作基本路线和重点的制定，主要取决于对国际局势的判断。应该说，新中国成立以来，中国共产党人在大多数时间内对于国际局势的判断是正确或基本正确的，中国先是面临着主要来自西方的军事威胁，美国"第七舰队"至今仍游弋于台湾海峡，在韩国、日本都有美国军队长期驻扎，西方国家在朝鲜半岛、东南亚频频采取反共的政治军事行动。中苏交恶以后，中国又面临着来自苏联的军事威胁，1979年前后，苏联入侵阿富汗，支持越南入侵柬埔寨，从北、西、南三面对中国造成压力，在这种局势下，要作出有可能在一个较长时期内避免世界大战的爆发，从而赢得一个长期的总体和平局势的判断，需要巨大的政治勇气和政治智慧，这个带有根本性的战略预判，是在20世纪80年代以后，苏联逐渐遭遇国内外困境，冷战形势趋于缓和并最终结束的情况下才作出来的。其三，2008年国际金融危机以后，国际形势又发生了新变化，世界正经历百年未有之大变局，处于大发展大变革大调整时期，全球的联系空前加强，同时不稳定性不确定性更加突出，中国经过改革开放40多年的快速发展，国际地位和综合国力大幅提升，越来越成为世界和平建设者、全球发展贡献者、国际秩序维护者。这是中国共产党人对于当今国际局势作出的最新估计和判断。

再次，中国对于自身国情和国际局势的估计紧密相连，起着既相互制约又相互促进的作用。1956年，赫鲁晓夫在苏共二十大上对斯大林进行了严厉批判，对中国共产党造成了很大的震动，作为社会主义阵营的重要成员，中国参与了关于波兰、匈牙利事件的处理工作，毛泽东和中共中央对于这些国际共运之中的新情况，进行了认真的思考，毛泽东从这时开始，越来越重视关于"以苏为戒"和反对修正主义的问题。随着中苏两党两国关系的恶化，毛泽东更加认为反对"现代修正主义"是一个极为重要的工作，他对于如何防止"现代修正主义"在中国共产党内的发展，以保证党不会脱离群众、丢失政权，进行了许多思考。可见，国际形势的变化，推动了毛泽东认为中国面临着战争的现实威胁，进行阶级斗争，保证社会主义政权不变色是当务之急等思想的发展，对党和国家的情况作出了越来越严重的估计，从而确定了"以阶级斗争为纲"的政治路线。1978年以后，如果没有冷战格局的缓和与终结，中国也不能大胆地将重心转向组织国内的经济建设；而如果没有十一届三中全会的政治转变，中国的对外工作重点也不会转向谋求创造和平稳定的国际环境。为了同资本主义国家进行合作，中国需要改革政治

第二章
中国式现代化取得的辉煌成就和根本变革是新时代中国社会主要矛盾转化的现实依据

和经济体制,比如组建相应的政府部门,制定相关的法律法规,成立中外合资公司,进行汇率改革等,打破了思想上禁锢人们的条条框框,刺激了中国改革的深入。可见,在国内国际局势的相互关系中,对于中国的基本国情和主要矛盾的认识是起着决定作用的,对外工作是服务于中国自身发展战略的,并且由于中国在国际社会中的地位,这些行动一定会引起国际局势的变化;不过,世界形势的发展也有其自身的规律和趋向,对于中国的经济社会发展施加着重要的反作用,同样需要人们去加以认识和把握。

最后,当前中国的对外开放,也存在着不平衡、不充分的突出问题,反映着新时代中国社会主要矛盾的变化情况。党的十八大以后,中国社会主要矛盾发生转化,其中当然受到了国际因素的影响,同时这一深刻变化也反映在外事工作之中。第一,中国对于外资的经济吸引力发生了变化。改革开放以后,中国改变了缺资金、缺技术、缺市场的局面,而对外资具有吸引力的廉价劳动力和相对便宜的土地资源的优势越来越弱,出于规范市场的需要,对于外资的诸多特殊优惠政策在减少,引起原先在华的外资企业向东南亚等地迁移。不过,中国经济的发展和人民生活的改善,令中国的超大市场优势不断凸显,成为吸引外资的新优势。第二,中国的经济发展方式进行着根本调整。中国目前已经是世界上名副其实的制造业大国,钢铁、煤炭等传统工业品产能严重过剩,亟须开辟更为广阔的国际市场;同时,中国对外投资逐年增加,如何保护中国在海外的合理经济权益的问题也提上了日程;随着中国产业结构的升级,涉及的相关国际经济贸易纠纷越来越多,竞争的激烈程度也有所加剧,2018年发生的中美贸易摩擦就是一个典型事例,西方国家指摘中国知识产权的保护问题,对中国发展高新技术产业采取遏制策略。第三,中国经济的独立自主能力需要进一步提高。改革开放以来,中国积极发展外向型经济,出口成为拉动经济增长的一大支柱,同时中国从世界市场大量进口大豆、石油、医药品、高新技术产品等,在一些领域、一些行业对国际依赖程度较高。据介绍,中国1993年成为石油净进口国,2007年成为天然气净进口国,2018年中国石油对外依存度高达70%,天然气对外依存度也有40%,在可预期的一段时间内,石油和天然气的消费量和对外依存度还将处于高位。可是2008年经济危机以后,国际经济复苏持续疲软乏力,"逆全球化"和贸易保护主义势力抬头,再加上2019年底开始的新冠肺炎全球大流行,对世界经济的冲击十分巨大,一系列受制于人的"卡脖子"问题愈加暴露,说明过去的模式已不能继续,必须进行改变。第四,中国在全球治理之中发挥的作用和自身的国际地位还不相称。中国的经济实力和国

第二章
中国式现代化取得的辉煌成就和根本变革是新时代中国社会主要矛盾转化的现实依据

际地位不断提升,但国际事务的主导权和国际规则的制定权却仍然掌握在西方发达国家手中,中国国际话语权的构建还没有完成,对于中国道路、中国方案的经验概括和理论提炼还需进一步加强,这都反映出中国参与全球治理的能力不足。

第三章

推进中国式现代化需要关注新时代中国社会主要矛盾的基本特征

第三章
推进中国式现代化需要关注新时代中国社会主要矛盾的基本特征

新时代中国社会主要矛盾，是在推进中国式现代化过程中的生产力、生产关系—经济基础、上层建筑各个方面共同发展和彼此作用的必然结果和集中体现，它有着和其他矛盾十分不同的、反映出中国社会进步的客观要求的质性特点，概括来说，有着全局性、系统性、变易性、复杂性四大基本特征。要进一步推动中国式现代化，顺利实现中华民族伟大复兴，必须把握新时代中国社会主要矛盾的这四个特征，并通过适当的方针政策加以应对。

一、新时代中国社会主要矛盾的全局性

全局性，指的是新时代中国社会主要矛盾表现于政治、经济、文化、社会、生态文明等各个方面，制约着各个领域的继续进步。相较而言，转化之前的社会主要矛盾，反映出的是发展社会生产的现实紧迫性，它当然也在其他方面有具体的表现，但更多的是要服务于发展社会生产的要求，在人民需要上更强调物质和文化两方面。新时代中国社会主要矛盾的全局性，反映了社会生产以外各个领域、各个方面相对独立性的增强，表现出人民需要的扩展和升级。

(一)旧的经济发展方式和格局不可持续

新时代中国社会主要矛盾在经济上的表现,就是中国高投入、高消耗、高污染、低效益的粗放发展方式和"两头在外,大进大出"的外向型经济发展格局难以继续,经济发展进入新常态,主要的制约问题变成了发展不充分、不平衡、不协调、不可持续。

1978年至党的十八大前后,中国的经济发展方式和发展格局总体上是粗放的和外向型的。改革开放以前,国家将农业有限的剩余产品集中起来投入到重工业领域,对原先主要分布在东北和沿海地区的工业,向自然条件恶劣但从军事战略考虑更为安全的三线地区大规模转移和重新布局,这是出于实现国家的经济独立自主和认为国家面临现实的战争威胁所制定的经济发展战略,带来的后果是农业、轻工业相对落后,产业比例失调,人民生活提升有限,三线地区的工业发展困难重重,需要花费很高的成本维持,经济效益低下。改革开放初期,中央确定以经济建设为中心,就是不再以国家经济独立和备战作为发展经济的目的,而是将提高国家经济实力,提高人民生活水平作为目的。中国有着比较充足的土地资源和劳动力资源,但严重缺乏资金和设备,国家整体的贫穷状态制约着国内的消费水平,形成缺资金、缺技术、缺市场的局面。中国必须通过对外开放,来获得资金、技术

第三章
推进中国式现代化需要关注新时代中国社会主要矛盾的基本特征

和市场,而外部的国际环境正是美国等西方发达资本主义国家在外交上承认新中国,愿意出于遏制苏联及其盟友的战略考虑加强同中国的合作,并且适逢发达国家产业升级,大量劳动密集型产业向发展中国家转移的时期。中国作出了和平能够长期维持的战略转变,关闭淘汰了许多经济效益差的企业,从国外进口成本更低的原料,得到了急需的资金和技术,通过实行国内改革,发展非公有制经济,改善了农业、轻工业的落后状况,把本国的土地优势和劳动力优势利用起来,生产出来的商品主要用以满足海外市场的需求,逐渐形成了"两头在外,大进大出"的发展格局。中国这一时期的经济发展方式也是粗放的,就是依靠不断增加劳动、土地、资本等生产要素的投入,从而实现经济总量的快速增长,而不是通过运用新型科学技术提高生产要素自身的质量,或者创造出新的生产要素和产业形态来实现经济发展。粗放的经济发展方式和外向型经济发展格局,在中国"富起来"的进程中发挥了很大作用,人民生活得到改善,国家的工业能力迅速提升。

进入21世纪,粗放型经济发展方式和外向型经济格局的弊病越发暴露,制约经济发展的因素已经发生很大改变。一是传统产业发展趋于饱和,产能过剩问题十分严重。据统计,2012年前后,中国的钢铁、水泥、电解铝、平板玻璃、船舶产能利用率分别仅为72%、73.7%、71.9%、73.1%和75%,明显低于国际一般水平,相关行业普遍出现了利润下滑和经营困难,而且这些领域还有诸多在建、拟建项目,产能还有着进一步扩大趋势。此时如若再按追加生产要素投入的老路子,那么不仅不能实现经济增长,反而会引起传统产业的停滞和危机。二是受到2008年经济危机和2019年底开始的新型冠状病毒肺炎疫情的冲击,世界经济发展处于低迷状态,加上国际贸易保护主义和"逆全球化"浪潮的抬头,以及新冠肺炎疫情的冲击,不论是从国外进口原料,还是商品的出口贸易,不确定性都有所加强。这些情况说明,"两头在外,大进大出"的经济发展格局已不能适应中国当前的实际需要,适合外向型经济的国际环境也不复存在。三是中国的资源禀赋发生改变,经过数十年的发展,国内绝大多数自然条件良好、区位优势突出的区域已被充分开发,这些经济发达地区的土地供应特别紧张,地价居高不下;中国民众受教育水平的提高和生活条件的改善,推高了劳动力成本,丧失了曾经具有的优势,劳动密集型产业纷纷向其他国家和地区转移。而那些天然就不具备产业发展优势的地区则遭遇到了困境,不能承接那些从东部沿海地区转移来的产业,单纯依靠市场的自发调节难以走出"发展陷阱"。四是中国中产阶层不断扩大,民众消费能力虽然增加了,但国内的产业

第三章
推进中国式现代化需要关注新时代中国社会主要矛盾的基本特征

却不能生产出满足消费者需要的高质量商品和服务，导致内需无法得到充分释放。五是中国在高铁、5G技术、特高压输电等领域达到全球领先地位，产生了一批有着实力雄厚、竞争力强的优质企业，面临的问题已经不是如何实现赶超，而是如何应对国际竞争，如何实现相关优势的推广，以及如何更好地维护中国在海外的资产、人员和利益。曾经发生过中国企业在海外相互竞争而导致国家整体利益受损的情况，也有海外大型项目工程遇到当地政治局势变化而被迫停止甚至被"毁约"的事情。以上情况都有力地说明，中国缺资金、缺技术、缺市场、劳动力丰富、土地充足的状况已经根本改变，反而面临着生产过剩与供给不足并存、先进科技推广困难和"卡脖子"关键技术缺失并存、现代化城市带和深度贫困地区并存、国际环境的发展战略机遇期与风险挑战并存的态势。

2012年党的十八大以后，中央用"经济新常态"的概念对当前和今后的经济形势作了准确概括。2013年，中央提出中国经济处于"三期叠加"阶段，具有速度变化、结构优化、动力转换三大特点。一是增长速度的换挡期，即国内生产总值（GDP）从2016年以前的7%以上甚至连续多年的两位数高速增长，变为2016年以后增长速度逐年下降（2019年GDP增速为6.1%）的中高速增长，此后受到新冠肺炎疫情的影响，经济增速再度下滑。二是结构调整阵痛期，原有的粗放型经济发展方式和外向型经济发展格局不能持续，但以经济增长新动能和国内大循环为主体的新格局还没有形成。三是前期刺激政策消化期，为应对2008年国际金融危机，国家采取了如"四万亿计划"等大规模的维持和推动经济恢复的政策措施，这些手段有效抵御了危机对中国经济的冲击，减缓了中国经济增长速度的下滑趋势，但也造成政府财政赤字率上升，货币规模扩大等影响经济良性发展的后果，需要时间加以消化。2014年12月，习近平总书记在中央经济工作会议上，从消费需求、投资需求、出口和国际收支、生产能力和产业组织方式、生产要素相对优势、市场竞争特点、资源环境约束、经济风险积累和化解、资源配置模式和宏观调控方式等九个方面对经济新常态进行了深刻论述。这些变化说明，"我国经济正在向形态更高级、分工更复杂、结构更合理的阶段演化。这些趋势性变化，既是新常态的外在特征，又是新常态的内在动因，有的可能进一步强化，有的则可能发生变化"[1]。需要对经济新常态进行深刻的认识、适应和引领，找出发展新路径。党的十九大以后，经济新常态被纳入新发展阶段的概念之内。党的二十大把高

---

[1] 中共中央文献研究室编：《十八大以来重要文献选编》（中），中央文献出版社2016年6月第1版，第245页。

质量发展作为全面建设社会主义现代化国家的首要任务。由此可见，党和国家在不断探索经济发展新路径。

（二）国家治理体系和治理能力有待完善和提高

新时代中国社会主要矛盾在政治上的表现，体现为国家治理体系的不完善和国家治理能力的不足，还没有很好地符合经济社会发展的客观要求。主要是，管党治党出现"宽、松、软"问题，政府作用存在缺位、越位、错位。这些问题的共同特点：一方面是普遍被人民群众深恶痛绝，对党和国家事业的发展有极大破坏力；另一方面是它们的出现绝非是偶然的暂时性因素所致，而是长期积累的内在制度性弊病。

一方面，管党治党的"宽、松、软"已经造成明显不良后果。过去一个时期，管党治党方面出现了一些问题，造成党的领导地位和执政能力有了一定程度的弱化，削弱了党的纯洁性和先进性，增加了脱离群众的危险。一是部分党员领导干部堕落腐化，丧失了马克思主义的理想信念，追求荣华富贵，从事封建迷信活动；大搞贪污腐败，滥用职权，充当他人"保护伞"；破坏党的组织纪律，对抗组织调查；进行非组织政治活动，搅乱党内政治生态；其中不乏位高权重的领导干部。二是对党的基层组织建设重视不够，战斗壁垒作用得不到发挥，相当一部分的基层党组织疏于管理，脱离群众，形式主义问题严重，发展党员的"入口关"把得不严，基层党员的模范带头作用不明显。三是党内法规不系统、不完善。党的十八大以前，从未对党内法规和规范性文件进行过全面系统的集中清理，党内政治生活和重要工作领域长期以来并没有出台权威规章，不少此前颁布的党内法规还是暂行、试行状态，其中的内容很多已不能适应形势的需要。四是党的民主集中原则贯彻落实不够，在一些层级的党组织，集体领导被破坏，实际上成了党委书记的"一言堂"；而在另一些层级的党组织，却是缺乏集中统一的领导，大家各行其是，俨然成了"独立王国"；有的党员干部违规公开还在讨论中的重大议题，鼓吹同党的既定路线方针政策截然相反的观点主张，甚至出现将相关文件和信息提供给反共反华势力的严重违纪违法行为。五是在某些领域党的领导有待加强，例如非公有制经济党组织的组建遇到不少困难，党对新闻媒体和社会舆论的领导和引导一度弱化，高校思想政治工作抓得不够等。

另一方面，政府治理能力的不足表现为政府角色的缺位、越位、错位。所谓缺位，是指一些领域存在着政府权力"真空"，处于缺乏管理的混乱状态；也指政府应当发挥积极作用的方面，政府作用发挥得还不够充分。例如，政府治理优化的速度跟不上互联网新媒体的迅猛发展，在网络舆论领

第三章
推进中国式现代化需要关注新时代中国社会主要矛盾的基本特征

域一度出现主流媒体"失语""失声"的情况，对于利用互联网从事破坏社会公序良俗、侵犯民众权益的行为，迟迟没有相应的法律法规作为管理依据；在社会民生、环境保护方面，政府缺位的现象也十分明显。对于长江、黄河这种需要全流域综合治理的生态环境问题，没有相应的专门的执行机构或协调机制，对于就业、医疗、教育、扶贫，政府作用发挥不到位，难以有效解决长期困扰民众的"就业难""看病难""看病贵""升学难"的问题。所谓越位，是指政府对一些领域的行政干预过多过细，反而造成治理效能的低下。比较典型的就是城乡二元户籍制度的存在，它是在计划经济时代建立起来的，对人口和劳动力的流动起着关键作用。户口直接关系到民众使用公共资源的便利程度和社会保障的质量高低，但同时也涉及政府财政税收、人口登记和管理等问题，牵涉面广，改革难度极大，社会各界关于户籍制度优劣势和是否应该废除也存在着争议。正是由于户籍制度的存在，使中国出现了"农民工""常住人口""暂住证"等独特的经济社会概念和制度安排。另外，在一些具体领域对政府权力边界没有清晰界定，主观随意性强，行政办事流程繁琐，一些商家疲于应付检查、收费和罚款，产生大量不必要的行政成本。所谓错位，是指政府治理方式方法不合理，治理效果不尽如人意。主要表现之一是政府多头管理，各部门职能交叉重叠，权责不明，缺乏统一协调和集中领导，在工作中不是通力合作，而是时常出现"互踢皮球"推卸责任的情况。民众办事，需要跑遍多个政府部门，盖一连串的公章，花费许多时间和精力，可问题却不能得到解决。这归根结底是政府职能和角色同经济社会发展的客观要求和人民群众日益增长的美好生活需要不相适应，使政府管理存在的结构性、制度性弊病暴露出来。

（三）主流文化意识形态的社会引领作用需要加强

党的二十大报告强调，建设具有强大凝聚力和引领力的社会主义意识形态。新时代中国社会主要矛盾在思想意识形态领域的主要表现，就是主流意识形态的地位受到冲击，社会引领作用发挥得不充分，还未适应新时代中国特色社会主义建设的要求。在中国，所谓主流意识形态，就是以马克思主义为指导的社会主义意识形态。

第一，马克思主义的理论创新和传播需要加强和改进。一是对马克思主义中国化的基本规律、基础理论的研究需要深化。当前对社会主义初级阶段、社会主义本质、社会主要矛盾转化等基本概念的论证不够完善，例如社会主义初级阶段的内在规定性，以及对于如何向更高阶段转变及其确定标准，都是鲜有讨论的深刻话题。对于社会实践里出现的现实

第三章
推进中国式现代化需要关注新时代中国社会主要矛盾的基本特征

问题，理论的回应力和解释力同样有限。二是思想政治教育工作在一个时期以来有一定弱化，错误思想借助互联网等渠道传播蔓延，侵入了相当一部分民众的头脑，一些党员领导干部成了新自由主义、个人主义、"价值中立"等思想的拥趸者，甚至公开为这些思想的传播提供便利条件，而主流舆论面对这些错误思想却缺乏斗争精神，采取沉默、回避的态度。三是思想政治教育队伍的能力不足，在网络新媒体的冲击下显得措手不及，不能很好地对民众提出的疑问作出令人信服的解答，高校思想政治课堂的主渠道作用发挥不够明显，形式主义突出，授课方式比较单一枯燥，学生接受程度低，效果不理想，有的反而成了错误思想的传播"阵地"。

第二，主流意识形态在文化产业发展方向上的引领力不够突出。任何文化产品都必然包含着一定的意识形态，潜移默化地影响着民众的思想。进入网络新媒体时代，传统媒体一时不能完全适应，相关法律法规和网络监督管理工作跟不上，导致主流意识形态面对互联网舆论一度十分被动，难以发挥引领作用，左右舆论的权力落到了一些所谓的网络"大V"手中。在影视、音乐文化行业，一些从业者的基本立场出了问题，对中国的社会主义制度没有信心、缺乏自信，盲目崇尚西方的社会制度和生活方式，公众人物不注意自身形象，私德败坏，做着偷税漏税、聚众吸毒、欺诈抄袭的违法勾当，某些"明星大咖"因为这些问题而锒铛入狱；部分文化产品传递出个人主义、拜金主义、享乐主义、历史虚无主义、民族虚无主义的错误思想和价值观，不仅没有深刻反映人民的生产生活实践，反而严重脱离生活实际和颠覆人们的认知常识，美化旧社会、为达官显贵的奢侈生活"捧场"，过度娱乐化的低品质节目泛滥；形形色色的"潜规则"破坏着整个行业的健康发展，那些抵制行业不正之风的力量却遭到压制。国家在对文化产业的引导监督方面存在短板和漏洞，对于一些引起舆论热议的影视作品，采取简单粗暴的"一封了之"的处理方式，不仅无助于增强政府公信力和推动主流文化的传播，反而暴露出问题处理能力低下的缺点。

第三，主旋律文化产品的制作质量、传播途径和影响力尚待提高。主流意识形态的传播，需要通过文化产品作为载体，而文化产品的质量则是决定主流价值观传播成功程度的关键因素。总体上看，尽管做了不少工作，但取得成功、得到民众高度认可的主旋律文化产品数量仍然偏少。实践证明，并不是主旋律文化的内容出了问题，而是"讲故事"的方式方法出了问题，这个方面同样显示出中国的思想宣传工作存在着短板。在传播途径和效果上，主旋律文化产品经常伴有十分生硬的行政化推广手段，应该承认，这种手段在不少时候是很必要的，可并不能将它作为一种追求简单化的

"省事"方法。在社会主义市场经济体制下,既有正向的文化传播价值,又有经济商业价值;既符合思想意识形态标准,又符合艺术审美标准;既取得高效宣传主旋律的成功,又取得票房的成功,才是符合当前经济社会发展客观要求的优秀文化产品。

(四)社会民生保障和改善的难度增大

民生问题直接反映着人民美好生活需要的质量高低和满足程度,是新时代中国社会主要矛盾表现得比较突出的一大方面。当前,中国基本构建起了一套同社会主义市场经济相适应的社会保障体系,几乎全部的中国公民都拥有了基本的医疗、教育、住房、收入保障,绝对贫困现象被历史性地消除,问题已经开始从"有没有"向"好不好"转变。

第一,社会民生问题体现出资源分布的不均衡。优质产业和公共服务向大城市集中,某种意义上是经济发展客观规律带来的结果,但这种集中不应该以其他地区的落后凋敝为代价。总的来看,东部沿海地区的医疗和教育资源丰富,主要集中在特大城市和省会城市。据统计,2021年全国945万余张医疗卫生机构床位中,城市为497万余张,农村为447万余张,可是农村地域比城市更为广大,反映到每万人口所占床位数上对比明显,城市为74.73张,农村仅为60.09张。

在义务教育和高中教育基本普及的同时，各地区高等教育资源的分布有显著差别，2021年，在全国2756所普通高等学校中，北京一地就拥有92所，远高于广西（85所）、贵州（75所）、甘肃（49所）、云南（82所）等中西部省份；其中还包括26所"211工程"重点大学和8所"985工程"大学。

第二，民生保障的质量差异大。由于户籍制度的存在，非户籍居民无法享受和户籍居民一样的社会福利待遇，在教育、就业、医疗等公共服务上的差别比较明显，虽然不少城市推出了居住证制度和积分落户规则等措施，可二者仍然存在着较大差异。过去一个时期对教育、医疗采取的市场化、产业化改革探索，带来了不少问题。在教育层面，上幼儿园、"小升初"都被引入了"竞争机制"，甚至从蹒跚学步开始就已卷入了生存竞赛之中。各类特长生，五花八门的竞赛，名目繁多的加分，以及各式各样的"贵族学校"问题丛生，既违背了教育的内在规律，破坏了教育公平，还成为了滋生贪污腐败的温床。"唯分数、唯升学、唯文凭、唯论文、唯帽子"的教育功利化弊病难以扭转，一些教育改革措施被扭曲，"减负"变成了"增负"，"畅通渠道"变成了"加高门槛"。在医疗层面，存在患者看病贵、医保支出负担大、而部分医务工作者的付出和回报不成比例等问题。在就业领域，存在一些民营企业、外资企业劳动者的个人合法权益被

第三章
推进中国式现代化需要关注新时代中国社会主要矛盾的基本特征

直接或间接地侵害，企业不给劳动者应有的社会保险和相关福利待遇等问题。这些关乎人们生存和发展基本权利的行业和方面，已不仅仅是只做到保障基本即可，民众更关注的，更是由于这种差异带来的个人生活质量和发展前景的区别，也就是是否能够实现公平的问题。

第三，当前，社会民生领域开始了从"有没有"到"好不好"的转变，也就是不平衡不充分问题。一是相关领域的问题积弊日久，程度很深，已经形成了既得利益，牵涉十分广泛，有着强大的保守惯性，改革阻碍很大；二是民生问题在根本上反映的是旧的经济社会发展方式和发展格局的内在矛盾，是一项系统性工程，伴随着潜在的风险，一旦改革步骤缺乏谨慎考虑或不能有效落实，那么就可能激化矛盾，引起危机。三是社会利益的多元化已是客观事实，各个社会群体的价值标准、是非判断不尽相同，要达成社会共识，协调各方矛盾，取得"最大公约数"，需要很高的智慧和能力。四是国家治理体系不够完善，治理能力相对不足，部分党员干部缺乏应对和处理复杂问题的必要能力，精神准备和理论准备都不够充分。在某些问题上调查研究不够，存在着一定的脱离群众的现象。国家制度和法律法规设计存在不完善、不合理，为行业"潜规则"和利益交换留下了活动空间，导致一些领域既出现"市场失灵"又有着"政府失灵"。中央要求要提升发展质量和效益,更好满足人民多方面日益增长的需要,更好促进人的全面发展、全体人民共同富裕。然而这样的要求已不是简单地靠激发主体活力,给予政策空间就能自动实现,相反,在一些公益性强的领域出现了"市场失灵",市场化的资源配置方式反而造成了低效率甚至负效率,必须将市场和政府二者的作用相结合,但这必定是一个高难度、高风险的探索过程,照搬照抄已于事无补。

(五)生态环境保护和可持续发展面临挑战

新时代中国社会主要矛盾在生态环境上的具体表现,就是民众对生存环境的要求提高,经济社会发展同自然生态之间的矛盾更为显著,对自然环境的破坏而导致的不良后果已逐渐成为阻碍社会进步的重要因素。

中国的人地矛盾比较突出,环境承载力基础相对有限。虽然科学技术的进步对自然地理环境的限制有了一定的打破,但中国人地矛盾大格局并没有改变,对中国的经济社会发展程度和格局产生了重要影响。中国在很长一段历史时期都饱受粮食匮乏之苦,就同中国庞大的人口基数与相对有限的耕地密切相关;改革开放以后,东部地区进步较快,和中西部地区的差距逐渐拉大,地理环境和区位因素在其中发挥了重要作用。粗放的经济发展方式,使人与自然的矛盾变得

第三章
推进中国式现代化需要关注新时代中国社会主要矛盾的基本特征

更加紧张。荒地的开垦，城镇的扩大，矿产的采掘，供应了更多的工农业产品，同时也付出了极高的环境代价，资源利用的低效率实际上造成了严重的浪费。这根本上是一种不尊重自然规律的低端发展方式，因为生态环境有其内在的运动逻辑，对大自然的过度开发打破了大自然的内生修复机制，造成生物多样性被破坏，自然环境不断退化，污染程度不断增加，发生水土流失、河道断流、土地荒漠化、土壤肥力下降、渔场消失等直接危害社会生产和生活的现象。

中国古代的传统文化是十分强调人与自然的和谐共处的，这些思想体现在中国传统建筑和城镇的设计理念，以及传统农业生产的实践之中。到了近代工业文明时期，由于人类改造自然的能力得到巨大提升，自然资源的大规模开发利用超出了大自然自身的承受能力，使生态环境变得日益脆弱，反过来以生态危机和次生灾害的形式阻碍社会的进步，这时社会的目光才被吸引到保护环境上，这种"先污染后治理"的思想和道路，是西方发达国家工业化、现代化的实现途径。应该说，工业化、现代化确实不可避免地要付出一定的环境代价，可这并不是说只有"先污染后治理"这唯一的发展思想和选择，更不应该在理念上将破坏环境的行为合理化。在推动经济社会发展的过程中，中国确实有一个时期对生态环境工作的重视程度不够，没有按照大自然固有的规律办事，而是简单地将环境保护同经济发展对立起来，看作是某种"外部性"，认为保护环境增加了经济成本，降低了效率，拖慢了经济增长，这完全是一种片面错误的思想观念。实际上，如果人类能够合理利用和友好保护自然，那么自然界同样会给人类以慷慨的回报，这种回报不仅会体现为经济效益，而且会体现在人民生命健康、生活质量、心理素质等各个方面。和其他领域暴露出的问题一样，面对不断增加的环境事件，国家和社会的应对力度明显不够，处理能力十分不足，对于生态环境治理的短期"危机处理"特征突出，存在多头管理、责任不明的弊病，缺乏明确的理论指导和集中统一的协调组织机构。

当前，人民对自然环境的要求日益提高，人们的生活质量也受到了环境破坏的制约。一方面，在过去，人们迫切希望走出贫穷荒僻深山，到现代化都市去寻找致富的机会；现在，对于新时代中国社会主要矛盾而言，人民群众对优美生态环境需要已经成为主要矛盾的重要方面。很多人从小到大都没有机会一睹漫天繁星的天空，而这对于上一代人而言都是司空见惯的事情。城市居民在考虑更好的居住地址时，不再是认为繁华的市中心是宜居之处，而是越来越多地关心周边是否嘈杂、是否有公园绿地；在生活中更加注意瓜果蔬菜是否是纯天然的，在节假日，越来越多的人们"逃离"市区，到郊野公园、湖边水畔、农家小院去亲近自然，享受温暖的阳光和清新的空气。另一方面，早先粗放发展所付出的环境代价对民众的生活质量已产生了直接影响。秋冬季节频发的雾霾天气，降低了能见度，助长了交通事故的发生率，更主要的是对人们身体健康的长期不良作用，其中的细颗粒物会日积月累地隐匿在呼吸道中，对人的呼吸系统造成不可逆的伤害，还会诱发或加重各种急慢性呼吸道疾病，对人的神经系统和心理感受也会产生一定影响。对水和土壤的污染，难以降解的塑料、重金属等有害物质通过生态循环在动植物体内积存，又被加工成食品被人们购买食用，更糟的是这种污染往往具有长期性、复杂性，被污染的土壤和水源不能再被开发利用，需要几代人甚至十几代人的时间才能恢复，而且还伴有短期内难以认识和把握的意想不到的影响。

二、新时代中国社会主要矛盾的系统性

新时代中国社会主要矛盾的系统性，是指矛盾的运动、发展和解决，都需要不同领域的协调配合，共同推进，各个领域的问题往往互为解决的手段和前提，已不能"各扫门前雪"，而在单个领域内部的各个方面，也同样有着这样的特点。而且，经济全球化将中国和世界前所未有地联系在一

起，中国的发展需要世界，世界的进步也依赖着中国。

（一）各领域内部和之间的相互作用显著增强

经济、政治、文化、社会、生态文明五大布局之间，本身就有客观存在的相互联系。进入新时代以来，各领域之间及其内部诸方面的相互制约明显突出，集中表现为新时代中国社会主要矛盾两个方面的斗争。

从经济建设的内部各环节来分析，应该说，生产、分配、交换、消费各个环节的客观联系是长期存在的，但在不同的发展阶段和历史条件下显现出的特点是不一样的。随着中国经济总量的增加，先进科技的应用，劳动力素质的提升，新兴产业的出现，经济体系更加复杂，内部诸要素的关联性增强。改革开放以前，中国实行的是高度集中的计划经济和优先发展重工业的战略，强调经济的独立自主，从原料供应到最终产品的消费，主要都在国内，曾经一度实现"既无内债，也无外债"。改革开放后，中国首先采取的是引入外资的策略，将之同国内的劳动力、土地等具有竞争优势的生产要素相结合，生产出的商品主要面向国际市场，一个产业的发展，会带动与之相关的各个产业的兴盛，进而实现社会生产的整体进步。生产的发展引起收入分配的变化，外资获得了利润，可以追加投资扩大再生产，劳动者收入提高，

第三章
推进中国式现代化需要关注新时代中国社会主要矛盾的基本特征

消费能力提升，带动那些生产消费品的轻工业和服务业的发展，国家获得更多的财政收入和外汇储备，可以用来修建公共基础设施，进口必需的原料和设备。"包产到户"的农村改革，使农民获得了对自己劳动力和对剩余产品的支配权，那些土地条件更好、更加勤劳的农民，有了满足自身消费需要以外的剩余，从而可以扩大种植面积，将农产品拿到市场上贩卖，获得了资金的积累，这样一来少数"种田大户"就可以开办砖窑、餐馆、煤矿等小型工商业。农业生产力的提高，使得自己耕种土地的收益变得不如到第二、第三产业做工的收益，农村的剩余劳动力向城镇转移，为工业提供了所需要的劳动力，同时推动了城镇化进程，引起产业集聚和规模效应，降低了生产生活成本。当一片区域整体发展起来后，由于资源要素禀赋的变化，将开启新一轮产业的转移，这就使相对落后的中西部地区也实现经济社会的进步。

不难发现，上述情况基本上是一个只要开启就会在"看不见的手"支配下自动运行的过程，国家需要做的似乎就是创造条件，保障这个自动循环能够不受干扰地进行就够了，哪个环节出了问题，只要负责打通那个"堵点"即可。由于当时国际消费需求巨大，土地、劳动力等生产要素供应充足，各个产业还有比较广阔的发展空间，社会各阶层都能从经济的高速发展中得到生活水平的显著改善，这套"自动机制"的内在弊病和问题被暂时地掩盖了，与此同时，这些制约因素在不断地积累。如今出现的局面，其实是在各种因素的作用下，这套经济自动运行机制的内在缺点和弊病积累和暴露的过程。原先巨大的国际需求消失了，传统产业发展趋于饱和，生产出现了相对过剩，这必然迎来残酷的内部竞争，所有阶层普遍受益的状况不复存在，阶层固化和收入差距扩大的趋势与日俱增，民众消费能力受限，急需的原料和技术设备越来越难以通过购买、租借的方式从海外获得。机制还是那套机制，只不过它走向了自己的反面，从良性的自动循环变成了恶性的自动循环，这已经不单单是打通"堵点"的问题，而是生产、分配、交换、消费各个环节的整个经济运行机制的问题。要想摆脱这个恶性循环，只能通过构建更高水平的新的循环来实现。

另外，经济、政治、文化、社会、生态文明五大领域之间也存在着密切的相互作用。拿经济建设来说，经济是社会发展的基础，它对其他各领域起着归根结底的决定作用，而其他领域对经济也有着反作用。

其一，一个时期以来，以GDP为核心的量化经济标准一度成为政府用来衡量经济社会发展程度最重要的标准。中国的社会主义政权和西方的资本主义政府完全不同，它支配着土地资源，掌握着国家经济命脉，有着一支执行力极强的

第三章
推进中国式现代化需要关注新时代中国社会主要矛盾的基本特征

干部队伍，在经济发展中扮演着非常重要的角色。中国政府制定国民经济和社会发展规划，提出并贯彻产业政策，建立经济开发区和完善公共基础设施，还用类似于考核企业家的标准来考评官员。据学者研究，从1978年到2000年，官员考核的"硬指标"即直接影响到官员政绩评价的目标，往往都是可以明确量化的经济目标，而对于其他领域的目标要求，大多也采取量化产出指标进行衡量，而像环境保护、资源节约等方面，甚至没有纳入到考核目标之内。不过，21世纪以来，社会稳定、文化教育、生态保护等指标变得更加重要，已经同经济发展的地位不相上下，政府官员需要是全能型的超级"多面手"，这种变化反映了人民需要在数量、质量、层次上的日益增长，也体现出这些领域具有各自独特的发展规律，不能简单地将它们看作只是为经济发展服务，以投入—产出的经济效率思维来对这些领域予以评价的办法也愈发不适用。

其二，经济发展和思想文化的变迁有着直接联系。中国经济改革取得成功的一个重要前提，就是全党全国人民思想的不断解放，持续破除那些曾被视为正确的不可逾越的原则，同时形成新的经验、认识和理论的螺旋上升的过程。21世纪以来，束缚经济转型的保守思想已经不被社会所认可，按照经济规律办事，把提高经济效率摆在首位，维护市场秩序依法诚信经营的思想深入人心，同时一些不利于经济发展和社会进步的思想意识也显现出来，比如唯利是图、"一切向钱看"的拜金主义，"人生苦短，及时行乐"的享乐主义，"事不关己，高高挂起"的利己主义，无视组织淡漠纪律的自由主义等。大公无私的人被称作"疯子"，见义勇为的人被称作"傻子"，中国共产党人和中国人民的革命奋斗史被作了各式各样历史虚无主义的"再认识"。

其三，在社会民生方面，通过发掘经济发展潜力、激发劳动者积极性的办法已不能奏效。收入差距对劳动者的激励促进作用走向了自身的反面，收入分配差距的扩大，如今更多地被看作是社会不公的表现，而不是"能者多劳、劳者多得"的结果。人们开始看到，财富的多寡并不单纯取决于个人是否努力奋斗，劳者也可不获，获者亦可不劳。民众对教育、医疗的关注，刺激了相关产业的发展，可在原有经济发展模式下，不公平的问题变得日益严重，"虹吸效应"显著，大城市和东部沿海地区吸引了越来越多优质的教育医疗资源，出现各种"富贵病""职业病""老年病"，高收入家庭的子女可以在公共教育以外，享有家庭教师、国际学校的良好教育；而欠发达地区却缺医少药，义务教育的教学质量和教学设施都比较落后，有着因病致贫、因病返贫的情况，这些反过来变成了制约经济发展的因素。劳动力缺少必要的社会福利保障，会制约劳动者的生产积极性，常年处于亚健康状态，会直接影响到劳动者的工作效率。没有接受良好教育的劳动者，无法胜任那些技术要求高，同时收入也更高的工作，这既会束缚生产力的进一步解放，也会妨碍内需的提升。

其四，自然界为经济发展直接或间接地提供着原料和空间，同时经济发展也会对自然环境造成正反两方面的影响。粗放型的经济发展方式，是靠生产要素的高投入和高消耗来实现的，这就意味着需要付出很大的资源和环境代价。进入21世纪，环境问题经常成为社会舆论热点，北京、天津等大城市空气污染严重，雾霾天气频繁出现；在一些产煤大省，地层塌陷事件时有发生，长江、黄河流域面临着严峻的系统性生态问题。长江流域的洞庭湖、鄱阳湖连续遭遇干旱见底，生物多样性被破坏，污染物排放量巨大；黄河中下游的"悬河"河段有所延伸，水土流失问题仍然严重，一些河口湿地萎缩几近消失，流域范围内的污染造成水质极差，水资源开发利用率过高，可换来的经济质量和效益却很不理想。沿用过去的办法，虽然可能在数年内维持较好的经济表现，但从长远来看有害无益，不断恶化的生态环境对经济发展造成的破坏力将远超其成效。

"五位一体"总体布局，既是"五位"，更是"一体"，说的就是五大建设的相互交织，共同构成一个庞大的社会有机体。要解决政治上的贪污腐败问题，需要在思想意识领域开展理想信念教育，同落后腐朽文化和错误思想坚决斗争，把人民群众的获得感作为衡量政绩的标准；要解决社会民生方面的问题，需要提高政府行政效能，维持教育公平，解决"看病难""看病贵"问题，打造社会"安全网"，更是需要特别发挥政府作用的领域，人民的身心健康和生活质量，同优美的环境、清新的空气、洁净的水源、安全的食品紧密相关，民生的改善还事关社会稳定，直接关系到共产党的执政基础；文化事业、文化产业的良好发展，需要政府的积极引导，把握正确的文化发展方向和基调，创造出符合民众多元文化需求的精神产品；生态文明建设能否取得积极成效，需要破除"先污染后治理"的过时理念，使高污染、高能耗产业实现升级，不能期望靠着自发力量自动实现，而需要政府完善环境保护立法，加强生态环境监管力度，统筹管理自然资源，同时，生态环境保护问题也成为引起群体性事件的重要原因之一。这些事实都有力地说明，当前制约经济社会发展的主要因素，都普遍具有很强的综合性、系统性，这正是新时代中国社会主要矛盾的题中应有之意。

（二）中国和世界的相互联系日益紧密

中国的行动会影响世界，世界其他国家和地区的发展也会直接或间接地影响到中国。新时代中国社会主要矛盾的发展与解决，离不开对中国和世界相互联系的准确认识，同时也是系统性的另一典型表现。

第一，中国与世界联系的日益紧密，在于人们交往手段和交往方式的变革。当前，科技进步令全世界前所未有地联系在一起。高铁、飞机、轮船、汽车等交通工具极大地便利了人口和物资的全球流动；通信卫星、海底光缆、移动互联网加速了信息的全球传播；经济全球化是人类社会发展的客观规律运动的必然结果，是任何人都不能阻挡的历史潮流。经济文化交流的频繁，信息传播媒介的更新，进一步打开了民众的眼界，影响着人们对美好生活需要的评价标准，也对中国经济社会发展产生了不可忽视的作用。

第二，世界格局和国际形势的变化，也加强了中国和世界的联系。20世纪80年代末90年代初发生的苏东剧变，标志着美苏两极格局的终结，进入了以"一超多强"为特征的世界多极化时期，阵营壁垒的打破，客观上促进了国家和地区之间的交流。当前，除少数国家以外，绝大多数国家都采用市场经济，世界贸易组织、世界银行、国际货币基金组织等国际经济协调机构的作用增强，上海合作组织、亚太经济合作组织、亚洲基础设施投资银行等区域性经济组织先后组建，为生产要素的自由流动提供了便利条件。欧洲、非洲、拉丁美洲的一体化进程持续推进，联合国在处理国际事务中的地位有所巩固，以"金砖国家"为代表的新兴经济体的崛起，对世界格局的重塑有着重要意义，这种变化深刻影响着中国对于国际国内发展战略的选择。

第三，中国自身的发展增强了中国对国际事务的影响力，越来越引起国际社会的关注。当前，中国是世界第二大经济体，人均国内生产总值达到中等偏上收入水平，仅仅是这一庞大的经济总量所拥有的潜在能力，就必然会引起世界的注意。一方面，中国在海外的资产规模不断增长，在海外留学、经商、长期生活的中国公民数量庞大，如何更好地维护中国的海外权益，妥善处理各类纠纷，已经成为中国改革发展的现实需要。例如，国有企业中远海运的境外资产占集团总资产比重高达57.6%，境外收入占比达到年均56.2%，境外利润占比年均为53.7%，拥有大量长期派驻海外的中国籍员工。中国对世界市场的依赖性还比较强，需要从世界市场大量进口大豆、原油、铁矿石等商品，同时要向海外出口各类加工制成品。另一方面，世界对于中国的发展模式和前进方向的评价不一，支持和欢迎的声音不小，反对和质疑的声音也存在。世界对"中国崛起之谜"也存在着些许误解，认为中国搞的不是社会主义,而是"国家资本主义""新权威主义";还有的声音认为,中国的发展道路只适用于中国,对世界其他国家不具有借鉴参考意义。总而言之,国际社会已经认识到中国有能力影响世界格局和人类文明演进方向,并且看到中国在全球治理之中发挥着更加积极的作用。

第四,中国经济社会的进步,不能脱离于世界体系之外。不断融入世界经济,参与国际分工,是生产力发展的客观要求。此前中国的外向型经济发展格局,得益于发达国家的产业转移和庞大的世界市场需求,如今中国要解决发展的不平衡不充分问题,更好地满足人民日益增长的美好生活需要,同样不能与世界"脱钩",在不断增强国家经济独立自主能力的同时,进一步深入扩大对外开放进程,是中国的必然选择。中国进入高质量发展阶段,民众的消费能力和潜力巨大,希望得到更为优质的商品和服务,同时中国强大的工业生产能力和基础建设实力,能够为促进世界共同发展作出更大贡献。国际话语权的缺失,为中国参与世界竞争造成了困扰,中国面临的恐怖主义、气候变化、重大传染病等问题,都具有很强的国际特征,绝非一国独力能够解决,需要开展广泛的国际合作才能根治。总而言之,要解决新时代中国社会主要矛盾,无论如何都绕不开世界舞台,必须把中国和世界的关系作为一个重要因素加以考虑。

三、新时代中国社会主要矛盾的变易性

变易性,是指新时代中国社会主要矛盾的变化发展呈现出从低到高渐次升级的特点。在人民的美好生活需要方面,体现为人民需求质量层次的升级和外延的扩展;在不平衡不充分的发展方面,体现为各领域相互促进,发展方式从注重数量和速度到注重质量和效益的升级。

(一)人民美好生活需要的渐次升级

人民美好生活需要的升级,总的来说是受社会发展程度决定和制约的,同时又对社会发展的方向有着引领作用。一种需要的产生,往往会连带着其他需要的创造和升级,呈现出一幅螺旋上升的图景。

一方面,人民需要是主观与客观的辩证统一,但归根结底决定于社会发展的具体程度。其一,人民需要是历史的产物,具有客观物质性。因为需要的满足必然要通过人们认识世界、改造世界的实践活动来达到,只有那些能够在生产生活确实得到满足的需要,对提高人民的幸福感、获得感才有现实意义。人民需要的满足程度还取决于采用何种经济社会制度。其二,以社会发展的具体程度为基础,人民需要有着鲜明的层次性。人的需求不是均一的,会根据迫切程度区别

第三章
推进中国式现代化需要关注新时代中国社会主要矛盾的基本特征

为不同层次,美国社会心理学家亚伯拉罕·马斯洛(Abraham H. Maslow)在20世纪60年代提出的需求层次理论,该理论将人的需求从低到高分为生理的需要、安全的需要、归属与爱的需要、尊重的需要、自我实现的需要,不过当人的需求层次"上升"时,并不意味着较低层级的需求不存在了,而应该说只是不再成为个人最关心、最迫切的需要。而且,实际上社会进步的同时,即使是被排在基础的、低层次的需求,其质和量的意义也和此前不同了。在比较落后的时期,面对有限的可支配收入,人们会将满足基本生存的那些需求排在首位,其他的非基本需求要么是居于次要地位,要么由于缺乏必需的物质或制度条件而没有被创造出来,不能成为实际的、现实的需求。其三,人民的需求层次和结构不仅同社会发展程度相关,还同人们的社会阶层、收入水平、价值观念、历史文化等因素有关,因此有着很强的主观性。不过,这种主观性同样是依存于客观的社会制度结构之上,而不是脱离实际、凭空存在的。

另一方面,人民需要对社会进步有着重要引领作用,需求结构的升级不是同时一下子实现的,而是有先有后地递进实现。其一,一个需要从观念到现实的转化过程,也是不断创造出新的需要的过程。需要首先是在观念中形成一个映像,再通过各种经济社会机制反映出来,从而对社会发展起到引领的作用。这种映像有的是通过消极的形式,有的通过积极的形式。当新产品、新制度设计完成后,为了将它们变为现实的东西,商品生产者需要去寻找必要的原料、设备和劳动力,社会管理者则需要协调部门利益、进行人事调动、推动体制改革,这些就是马克思谈到的"生产性消费"的含义。这些需要还会进一步引起新的需要。这样,从一个新的需要的实现,就会带来整个一条产业链上各种需求的创造,在需要的引领下实现产业结构的升级。其二,被视为最终消费的那些需要,同时也是一种创造过程。人民买到的各种消费品和服务,生产出来的是民众自身,民众的需要得到了满足,为新的需要的产生提供了条件。当民众满足了温饱的需求,就会希望膳食健康,营养均衡,味道可口;希望居住条件宽敞明亮、优美怡人,出行更加便利快捷;希望工作不只是作为糊口的手段,同时也能够符合个人人生理想和追求。经济上需求的满足,会激发民众对政治、文化、教育、医疗、安全、生态环境方面的需求,这些方面需求的满足,又会反过来在经济上提出更高的需求。其三,人民需要的升级在特定的发展阶段总是有主次的,在升级的过程中也是有先有后的,这种主次和先后,往往和社会发展的不平衡性密切相关,社会运行中的矛盾暴露、问题突出的时候,民众的注意力就会集中到相应的领域上,这就开启了需求所发挥的引领作用，形成一个往复前进、螺旋上升的互动发展图景。

（二）在持续解决不平衡不充分的过程中实现社会的发展

新时代中国社会主要矛盾的变易性，在社会发展方面的表现和要求，就是要正确把握不充分和不平衡的辩证关系，在不断解决不平衡不充分的过程中实现社会的整体进步。

第一，不平衡和不充分，是社会发展长期存在的共性特征，是一般的、绝对的状态；平衡和充分，反而是有条件的相对的情形。只有动态平衡和相对充分，不存在绝对平衡和绝对充分。所谓平衡状态，说的是社会内部诸要素之间的关系，即各个要素的发展状况符合社会有机体的客观要求，是一种相互促进而不是相互制约、共同发展而不是片面发展的协调状态。所谓充分，说的是社会发展对人民各方面需要的满足与实现程度，充分发展所描述的是这样一种状态，即在一定的社会历史条件下，社会发展的一切积极因素被充分调动和完全释放，能够最大程度地满足人民的各种需求。显而易见，无论是平衡状态还是充分状态，都是一种理想化的描述和目标，在现实中不可能完全实现，而只能通过人们的努力而不断趋近。平衡与不平衡、充分与不充分之间会出现相互转化，当一种平衡状态或充分状态达到时，在社会发展内在规律的作用下，必定会出现打破这种平衡或充分的趋势，因为人民的需要会日益增长，社会的发展不可能完全同步，从而使充分转化为不充分；社会有机体的内在联系和运动规律是复杂的，不可能被完全准确地把握和实现完全的协调，总会有某几个方面相对超前或落后于其他方面，促使平衡向不平衡转化。不过，正如前文所述，发展的不平衡不充分并不是在任何时候都是满足人民需要的主要制约因素，只是在一定的历史条件下才会成为主要矛盾的主要方面。在有的历史时期，反而需要进行不平衡的发展，优先使某一方面取得进展。例如，在从资本主义到社会主义的转变过程中，无产阶级需要首先通过革命推翻资产阶级的统治，取得国家政权，这实际上就是政治领域的一种优先发展；新中国成立后，中央制定了优先发展重工业的战略方针，改革开放之初让一部分人、一部分地区先富起来的方针，把发展经济放在最主要的位置，也都同样是一种不平衡的发展模式。

第二，不平衡与不充分之间也是对立统一的关系。从一定意义上说，发展的不平衡就是一种不充分，因为正是由于不平衡，导致各领域的积极因素不能得到充分调动，不能更好满足人民的需要；而不充分同样也是不平衡的一种形式，因为导致发展不平衡的重要原因，就是有的领域发展得不够充分，不能有效地同其他领域良好配合、相互促进。所以这

第三章
推进中国式现代化需要关注新时代中国社会主要矛盾的基本特征

样看来,不平衡和不充分都是同一个问题的两个方面,是社会发展在具体历史条件下的特征表达。社会发展的升级路径往往可以理解为打破旧的平衡,同时形成新的平衡的螺旋上升过程。正如马克思在论述资本实现其社会统治地位的变革时所说:"资本所打碎的界限,就是对资本的运动、发展和实现的限制。在这里,资本决不是废除一切界限和一切限制,而只是废除同它不相适应的、对它来说成为限制的那些界限。"打破旧平衡,总是从某一个领域首先取得突破,然后借着各领域间的内在联系渐次发展,形成新的平衡;进一步地,这种新的平衡也会变成有待打破的旧的平衡,开启一轮新的升级。中国改革开放就是从农村改革率先取得进展,然后向各经济部门和社会领域扩散,实现从相对封闭的高度集中的计划经济到更加开放的社会主义市场经济的转变。对于新时代中国社会主要矛盾的运行而言,这种发展有先有后、有轻有重的特征一定也是存在的,党的十八大以来雷厉风行的反腐败斗争和理想信念教育,以及防范化解重大风险、精准脱贫、污染防治三大攻坚战,其实就是新时代改革开放的突破口。不过,在旧平衡还没有被彻底打破、新平衡尚未完全建立的中间阶段,一些维系旧的社会秩序的因素已经被废除或者转化了,旧秩序中的其他因素还没有根本改变,从而引起社会运行之中矛盾的激化;对于那些已经建立起来的新因素，与之相互配合的条件还没有完全具备，它不得不暂时以一种扭曲的方式发挥作用，同样会带来种种具有过渡特点的矛盾和问题。当外部条件良好、社会发展较快的时期，这些弊病以一种潜在的方式在积累，不会威胁到社会的基本性质和基础柱石；而当这些弊病本身成为社会前进的主要障碍时，它们对整个社会带来的结构性冲击就变成了现实，新的秩序已不能只在"单兵突进"的扭曲条件下发展，要求在一切社会部门确证其自身，抛开它曾需要倚靠的那些还属于旧秩序的"拐杖"。

第三，新时代的中国，就是处在这样一个经济社会发展新方式形成的关键时期。当前，中国的社会发展已经到了这样一个关口，不平衡不充分已经成为进步的首要阻碍，问题的关键是各领域之间和领域内部各方面之间的相互制约本身及如何化解，而不再是把优先发展某个领域或某个方面作为实现全社会变革的杠杆，相反，如果继续按照这样的路径去发展，将会收效甚微甚至适得其反。比如医疗卫生体制改革曾经一直按"问题解决式"的思路进行改革，即医院、医保、医药三大方面各自解决各自的问题，结果不仅原有的问题没能解决，还陷入了新的困境，医保支出越来越多，患者的医疗支出却还是居高不下，医院的维持和运营依旧无比艰难，造成了"各方共输"的改革结果。社会的发展有其内在的规律，它的自发运动当然会为自己开辟道路，只不过采用的会是代价极高的经济—社会危机的方式。当前，传统的旧秩序已回不去，粗放的发展模式即将走到尽头，形成新秩序的道路暗藏着风险和挑战，在这种情况下，只能硬着头皮将改革进行到底。如前所述，发展的不平衡不充分是绝对的，不可避免的，这就意味着发展总要有重点，有主次，但同以前相比，要在重点推进的同时，注重顶层设计，发挥理论自觉的先导作用，尽可能把握社会内在的普遍联系，努力实现协同共进，合理规避风险，建立更高水平的新平衡。

四、新时代中国社会主要矛盾的复杂性

复杂性，指的是新时代中国社会主要矛盾的具体运动形式和表现难以全面认识和把握，矛盾的解决所需要面对并克服的困难和挑战极为巨大，稍有不慎就会引起社会危机等严重后果。这种复杂性表现为"黑天鹅"和"灰犀牛"两种事件，以及外部环境变化所带来的问题和挑战。

（一）"灰犀牛"与"黑天鹅"

"黑天鹅"事件一般是指由于事物本身的复杂而几乎无法预测，超乎预料之外，且一旦发生就造成重大影响的事

件。"灰犀牛"事件一般指的是发生概率很大,会造成严重影响,但由于人们习以为常反而会放松警惕的事件。"灰犀牛"和"黑天鹅"两类事件都是必然性和偶然性的对立统一,都是新时代中国社会主要矛盾复杂性的典型表现。

"黑天鹅"事件具有突发性、不确定性、严重性三个突出特点,往往会对国家的经济社会发展造成十分明显的冲击。

第一,从突发性上看,"黑天鹅"事件的爆发往往出乎意料且发展迅速。"黑天鹅"本身就具有罕见、意外的含义,体现出社会有机体之中的偶然性和随机性。社会有机体的运转十分复杂,人们当前还难以对这类复杂系统得到较为清晰的认识,因此社会对"黑天鹅"事件通常不会进行提前的预防,这体现出了人们认识世界的反复性与无限性的规律;由于社会各领域各方面的内在联系愈发紧密,为"黑天鹅"事件影响力的快速传导创造了条件,使之成为对全社会产生重大影响的突发事件。总之,"黑天鹅"事件的突发性,既来源于社会自身内在的复杂性,同时也来自于社会制度的相对不完善和人们对把握了解社会规律的相对不准确。

第二,从不确定性上看,"黑天鹅"事件的发展方向和前景通常难以预料。举例而言,历史上出现的一些突发传染病事件,其病原体在初期展现出变异速度快,变异种类繁

第三章
推进中国式现代化需要关注新时代中国社会主要矛盾的基本特征

多,同其他类别传染病交织等特点;而由于人们对其性质特征了解有限,故而只能进行笼统粗略的把握和预测,很难迅速地控制形势的恶化。而当今又是一个经济全球化迅猛推进、人口流动高度频繁的时代,社会有机体的日益复杂再一次为精准预测造成了困难,同时本身也成为了"黑天鹅"事件不确定性的原因之一。这些情况表明,尽管在宏观层面,人们可以根据历史经验和理论构建,对"黑天鹅"事件发展的总体趋势作出一些推断,但仍有诸多复杂的因素使得其发展前景蒙上了模糊的阴影。

第三,从严重性上看,"黑天鹅"事件绝非只是单纯的局限在某一领域某一方面的个别事件,相反,它往往从表面上看来零星的事件开始,对社会造成广泛且深远的影响。"黑天鹅"事件可以在任一领域出现,其影响可能广泛扩散到经济发展、社会生产、社会稳定、人民生活、政府施政、教育医疗、新闻舆论等各个方面,从而引发或激化这些领域之中固有的矛盾和问题,冲击经济社会的稳定。当"黑天鹅"事件平息后,其对一个国家甚至整个世界的经济发展方式、产业结构、企业管理、劳动力就业、消费偏好、生活方式等产生的更深层、更深远的影响,也会随着时间的推移而逐渐显现。

相应地,"灰犀牛"事件具有日常性、相对确定性、严重性三个突出特点。这里选取高房价现象和房地产行业作为案例进行说明。

从日常性上看,高房价现象在中国已持续了较长一段时间,成为民众日常生活中习以为常的现象之一。计划经济时代,国家在城市采取福利分房政策,政府和单位制定并执行住房建设计划,并根据规定分配给职工。房屋的产权不归职工所有,因此不能对房屋进行买卖或随意转租;不过职工也并不需要为住宅付出多高的代价,房子的建筑和维护成本绝大多数由政府和企事业单位负担,职工只需要支付很低的租金。改革开放以后,国家开始住房制度的市场化探索,1998年国务院发布了《关于进一步深化城镇住房制度改革加快住房建设的通知》,决定从下半年开始全面停止福利分房政策,实行住房分配的货币化、市场化,标志着中国真正意义上的房地产市场形成。从1998年至21世纪初,除个别年份外,商品房平均销售价格总体上节节攀升,其中2007年、2009年、2016年、2018年增长迅猛,年增长率都突破了两位数,2009年较上年增长率甚至达到了24.69%。2021年的绝对数为10139元/米^2,是1998年的5倍多;北京、上海两大超一线城市2021年的商品住宅每平方米均价分别为46941元和40974元。可见,高房价现象至少已持续了十余年,对于民众、企业和政府而言,都已是一种司空见惯的"常态"。

第三章
推进中国式现代化需要关注新时代中国社会主要矛盾的基本特征

从相对确定性来看,高房价现象产生的原因是比较清楚的。其一是土地财政,即地方政府通过土地招拍挂制度,以较低的价格征收土地,通过土地使用权的拍卖获得土地出让金作为财政收入,用于公共投资和社会服务支出,这样一来就赋予了地方政府一种推高地价的利益动机。其二是住宅有着很强的刚性需求,中国是一个人口众多、但适宜生产生活的土地相对较少,人地矛盾比较突出的国家,供不应求是其常态,对推高房价起着重要作用。其三是土地市场和房地产市场体制机制不健全、不完善,住宅偏离其使用价值的功能,被当成了是以一种使资产保值增值的投资品,房地产"泡沫"越来越多。

从严重性上看,高房价带来了一系列棘手的社会问题,一旦这种状态被改变,将可能会造成影响全社会的巨大危机,在某种意义上是"绑架"了社会。地方政府长期依赖土地财政,一旦土地出让收入减少,相应的替代措施跟不上,地方政府债务问题就会爆发,使地方政府无法正常履行其社会职能。房地产在一段时间内一直是拉动经济增长的重要产业,2003年在国务院《关于促进房地产市场持续健康发展的通知》中提出,房地产业关联度高,带动力强,已经成为国民经济的"支柱产业"。它能够盘活建筑、水泥、钢铁、煤炭、家居等产业,也能推动餐饮、零售等行业的发展,还能促进消费和扩大内需，拉动就业。如今，这种强大的惯性依然存在，如果房地产行业的问题爆发，那么必然将影响到尚未调整完成的经济运行机制，造成十分严重的后果。

经过上述分析，可以看到，"黑天鹅"和"灰犀牛"是两类生发机制不同，各具特点，但都会造成严重社会影响的事件，二者都是对于复杂性的表现。"黑天鹅"事件表现的是系统本身的运行机制极为复杂，难以认识和把握；"灰犀牛"事件表现的是由于牵涉到当前社会经济运行的主要机制，从而造成虽然原因比较明确，但要想解决问题却必须面对复杂交织的利益阻碍。而且，两者有着紧密的联系。当"黑天鹅"起飞之时，很有可能也是"灰犀牛"冲来之日。新时代中国社会主要矛盾的复杂性就在于此，不论是"黑天鹅"还是"灰犀牛"，都可能引起矛盾某一方面的激化，造成不可挽回的后果。

（二）外部环境变化所带来的挑战

外部环境风险是进入新时代以来的中国面临的重大挑战之一，由于国内外诸要素有着错综复杂的关联，国际形势的变化一定会影响新时代中国社会主要矛盾的运动和解决。因此，那些会对国内改革发展产生重大影响的国际问题，就是新时代中国社会主要矛盾复杂性的另一典型体现。

第三章
推进中国式现代化需要关注新时代中国社会主要矛盾的基本特征

第一,世界经济形势持续低迷。苏东剧变以后,世界经济曾经维持了一个较长时期的繁荣,据世界银行统计,1991年至2008年,世界经济增长率多数年份都维持在3%以上,最高曾达到4.408%(2004年)的高位。不过,2008年国际金融危机爆发后,世界经济再也没有达到过这样的水平。2009年世界经济出现负增长,除2010年恢复性地达到4.303%以外,绝大多数年份都低于3%。世界经济增长速度的放缓,意味着消费下降、市场萎缩和工作岗位减少,并且体现出经济增长动能不足的深刻问题。这直接影响了长期以来发展外向型经济的中国,推动了中国社会主要矛盾的转化。

第二,民粹主义、保护主义抬头,国际局势持续动荡。经济的危机往往会反映到政治上,增加政治局势的不确定性。2008年以后,国际局势复杂多变,2011年前后,一场"茉莉花革命"席卷中东北非的阿拉伯国家,突尼斯、也门、利比亚、埃及等国都发生了政权更迭,叙利亚、利比亚、也门陷入长期的内战,外国势力的干涉并未恢复这些地区的稳定,反而进一步加剧了混乱局面;2014年,乌克兰发生"颜色革命",被视为亲俄的总统亚努科维奇被推翻,乌克兰所属的克里米亚宣布"独立"并加入了俄罗斯,顿巴斯地区也宣布建立"人民共和国"并和基辅政权展开武装对抗;

2022年2月，俄罗斯决定将采取"特别军事行动"，遂同乌克兰爆发了激烈的军事冲突。在英国、法国、美国、德国、希腊等发达资本主义国家，极右翼民粹主义政治力量戏剧性地获得了大量支持，2016年，被视为民粹代表的特朗普在美国大选中获胜，上台后奉行"美国优先"政策，接连单方面退出多个重要的国际组织和国际合作机制，借口国家安全发动了中美"贸易战"，欧洲一些国家也采取了针对中国企业的种种限制。这些事件对中国企业在海外的经营造成了很大困难，海外中国公民的生命和财产安全受到威胁，同时增加了中国从海外获得高新科技产品和技术的难度，对中国发展方式的转型升级产生了不利影响。

第三，全球贫富差距进一步拉大，贫困问题依旧突出。经过各国的努力，世界的绝对贫困得到了改善，但贫富差距和发展差别却与日俱增。一些国家和地区陷入了"贫困陷阱"，国际社会给予的人道主义援助并不能根本解决这些导致贫困的结构性问题和深层次原因。这些国家民众的赤贫生活难以改善，国民经济得不到发展，主要依靠农业生产和出口自然资源，严重缺少必要的公共基础设施，由此产生的高昂生产成本难以吸引到海外投资，政府也无力发挥积极的作用进行改变。相关研究表明，中国企业在海外的发展就频繁遇到由于缺乏必要的道路交通、工人住宅、水电供应、厂房

第三章
推进中国式现代化需要关注新时代中国社会主要矛盾的基本特征

等基础设施,从而成倍提高了开发难度,限制了利润空间,在经过考察以后放弃投资打算的案例。

第四,国际恐怖主义威胁着社会稳定和人民生命安全。2001年,恐怖分子制造了骇人听闻的"9·11"事件,此后国际恐怖主义呈现出日益严重的发展势头。国际社会虽然对国际恐怖主义问题特别关注,美国等国家甚至采取了军事打击措施,但局面不仅没有好转,反而更加恶化。西方国家打着"打击恐怖主义"的旗号发动的伊拉克、阿富汗战争,不但没有消除当地的恐怖势力,反倒是颠覆了原有的政权,将这些国家变成了混乱和灾难的泥潭。利比亚、叙利亚内战爆发后,两国成为恐怖主义新的策源地。

第五,气候变化和可持续发展成为重要国际议题。人类进入工业文明以后,对生态环境实施了上百年的破坏,废气、废渣、废液造成空气污染、土壤污染和水体污染,最终通过各种途径反过来威胁到人类文明的生存和发展。相关研究显示,吸入有害的空气和饮用遭到污染的水源,将对人类身体健康产生长期影响,显著增加人们罹患癌症等疾病的风险,对人们的生活质量和预期寿命的延长十分不利。由于人类活动造成全球气候变暖和动植物的灭绝,引起海平面上升、极端天气增加、生物多样性遭到破坏等影响深远、预测复杂的后果。一些太平洋岛国因海平面上升可能面临消失的危险，2019年至2020年澳大利亚的森林大火引起全球普遍关注，造成极大的经济损失，山火使澳大利亚的国宝级动物考拉数量锐减，同时据估计有数十亿只动物死于火灾。对中国而言，同样或多或少地受到以上国际生态环境保护问题的影响。

第四章

在持续解决新时代中国社会主要矛盾的过程中推进中国式现代化

第四章
在持续解决新时代中国社会主要矛盾的过程中推进中国式现代化

中国式现代化道路，是实现第二个百年奋斗目标，将我国建设成为富强民主文明和谐美丽的社会主义现代化强国的必由之路。推进中国式现代化的过程，从根本上说，就是不断解决并最终克服新时代中国社会主要矛盾的过程。当前，党和国家的中心任务，就是抓住新时代中国社会主要矛盾的主要方面，集中解决发展的不平衡不充分问题。为此，要坚定将改革作为解决新时代中国社会主要矛盾的根本途径；树立以人民为中心的发展思想，在新发展理念的指导下推进社会的全面进步；推动构建人类命运共同体，促进国际共产主义运动走向复兴，为彻底解决新时代中国社会主要矛盾，从而以中国式现代化推动实现中华民族伟大复兴创造条件。

一、改革是解决新时代中国社会主要矛盾的根本动力

要解决发展的不平衡与不充分问题，实现从粗放发展到高质量发展的根本转变，满足人民日益增长的美好生活需要，归根结底要以全面改革的不断推进作为根本动力。中国特色社会主义新时代的改革，必须坚持社会主义的原则底线，注意防范化解重大风险，保持社会的长期繁荣稳定，注重将顶层设计与理论先导作用同"摸着石头过河"的渐进探

索结合起来。

（一）坚持社会主义的原则底线

中国的现代化，是坚持社会主义道路、以完善社会主义制度为目的的现代化，这是任何时候都不能有丝毫动摇的原则底线。要使新时代中国社会主要矛盾得到逐步解决，确保中国式现代化的顺利推进，必须时刻保持清醒的头脑，敢于同错误思想和实践作斗争，树立起中国特色社会主义的道路、理论、制度、文化自信。

中国式现代化道路是一种社会主义道路，具有鲜明的社会主义性质，中国所取得的辉煌经济成就，是科学社会主义在中国成功实践的证明。社会主义已经成为、并将继续成为中国发展道路与发展模式的内在部分。当前，对于中国模式、中国道路、中国"奇迹"的历史解释，存在着一种否定其社会主义性质的"叙事话语"，把新中国成立以后的社会主义革命与建设时期说成"一团漆黑"，将社会主义公有制经济说得"一无是处"，把社会主义改革开放说成"解除控制"与"盲目探索"，攻击矛头直指处于长期执政地位的中国共产党，在社会上造成了一定的负面影响。要彻底驳倒这种极端错误的所谓"解释话语"，就必须认真总结新中国成立70多年以来，特别是改革开放40多年以来的基本经验，

第四章
在持续解决新时代中国社会主要矛盾的过程中推进中国式现代化

抓住贯穿整个历史进程之中的、长期稳定的要素，这些要素往往既是中国道路、中国模式的本质特征，也是科学社会主义基本原则的具体展开。新时代中国社会主要矛盾为中国的社会主义现代化建设提出了更高要求，这不仅不意味着社会主义"完成了历史使命"，反而更加印证了坚持社会主义道路的正确性和必要性。改革开放始终是、并将一直是社会主义制度的自我完善，而绝不是从社会主义向资本主义的"和平过渡"；改革开放在经济上的成功，证明了社会主义制度的蓬勃生命力和优越性，而不是所谓通过"取消社会主义"取得的"成果"。

新时代的中国已完成全面建成小康社会的历史任务，全面建设社会主义现代化国家、进而全面建成社会主义现代化强国的新征程已经开启，必须深化对社会主义本质、社会主义本质特征、社会主义优越性的理论认识。

第一，社会主义本质理论阐明了社会主义历史时期所要完成的根本任务，是目的和手段的有机统一。社会主义的本质就是解放生产力，发展生产力，消灭剥削，消除两极分化，最终实现共同富裕。其中共同富裕是社会主义的最终目标，体现的是发展社会主义归根结底是为了让广大人民过上幸福生活；"解放和发展生产力"同"消灭剥削消除两极分化"既是实现共同富裕的手段，又是贯穿社会主义发展全过程的两大目的，这两大任务在社会主义的不同发展阶段的地位是不同的，同时二者必须相辅相成，协同推进，既要保证生产关系适应生产力的发展水平和要求，又要通过改进完善生产关系来使社会生产力得到充分释放，体现了生产力和生产关系的有机统一。新时代中国社会主要矛盾反映出，解放和发展生产力仍然是中国社会主义当前发展阶段的重中之重，不过生产力的发展要求出现了显著变化；生产关系和与之相联系的上层建筑的相对独立性有所凸显，但还没有上升为矛盾的主要方面，不需要采取根本的质的变革，而是要针对社会生产力在新时代出现的新变化、新要求，作出相应的完善和调整。

第二，社会主义的本质特征是社会主义本质在各个层面的原则表现，往往作为社会主义社会发展必须遵循的基本原则而存在。科学地研究并讲明社会主义的本质特征，有助于正本清源，扫除疑虑，在新时代树立中国特色社会主义的道路自信、理论自信、制度自信、文化自信。改革开放以来，有一种声音将中国特色曲解为中国"例外"，甚至出现了认为中国特色社会主义是同科学社会主义"并立"的"社会主义流派"、中国特色社会主义是"中国特色的资本主义"、中国特色社会主义是"国家垄断资本主义"，这些思想主张都是极端错误的，究其原因，就是因为对社会主义本质特征的

第四章
在持续解决新时代中国社会主要矛盾的过程中推进中国式现代化

强调不够，没有理直气壮地将问题说通说透。社会主义本质特征是运用马克思主义的立场、观点和方法认识和分析社会主义社会所得到的科学结论，各条本质特征相互联系，相互依存，一个社会只有同时具备这些特征，才能被称作是社会主义社会，缺一不可。不过，其中有三条具有公认的决定意义，它们是：生产资料公有制的主体地位，无产阶级（通过其政党）专政，以及马克思主义在意识形态领域的指导地位。某种程度上说，社会主义其他的本质特征，都是以上三条的派生产物和必然结论；不过，如果其他特征不具备，这三条特征也将大受冲击，甚至不复存在。

第三，社会主义优越性是社会主义本质的实践表达，是社会发展规律性和价值性的有机统一。社会主义代替资本主义，并最终走向共产主义，是受人类社会发展客观规律决定的必然结果；社会主义的优越性也必定具有价值维度，也就是"对谁而言的优越性"的问题，毫无疑问，社会主义优越性的发挥程度，归根结底是由人民美好生活需要的实现程度来衡量。进行社会主义建设，至今仍然是一项崭新的历史开创过程，人们对社会主义建设规律的认识是不断深化的，其中总是会出现曲折和反复，在实践之中也难免出现失误；社会主义社会和其他社会形态一样，也要经历一个从低到高、从不完善到完善的历史进程，因此社会主义优越性不可能在任何时候、任何领域都得到完全充分的发挥，而必然会受到主客观条件的限制，在一定时期、一定范围内，有些优越性可以得到鲜明展现，而另一些优越性则发挥得不够或者尚未显现，这绝不意味着搞社会主义本身错了，而是说明对社会主义社会的理解需要更加清晰和明确，需要通过改革打破那些影响社会主义优越性充分发挥的体制障碍，通过不断推进社会全面进步为发挥社会主义优越性创造条件。

2019年党的十九届四中全会通过的《中共中央关于坚持和完善中国特色社会主义制度、推进国家治理体系和治理能力现代化若干重大问题的决定》总结出的十三个中国国家制度和治理体系的显著优势，划出了根本制度、基本制度、重要制度的层次区别，实际上是为中国的改革发展划下了红线，某种程度上可以说是对作为立国之本的四项基本原则在新时代的扩展和丰富。已被明确的根本制度有：根本领导制度——中国共产党的领导制度，根本政治制度——人民代表大会制度，以及马克思主义在意识形态领域指导地位的根本制度，这些制度事关中国社会主义社会的根本性质，只能不断巩固，不能有丝毫动摇和偏废。要完善党的集中全面领导，贯彻民主集中原则，切实提升党的执政能力，保持党的先进性和纯洁性；要完善人民民主专政，健全人民代表大会制度，保障人民有序行使民主权利，依法参与管理国家和社会事务；要巩固马克思主义在意识形态领域的指导地位，面对错误思想敢于"亮剑"，改进思想政治教育工作。另外，要持续加强公有制的主体地位，理直气壮地做强做优做大国有企业。国有企业是中国特色社会主义的重要物质基础和政治基础，关系公有制主体地位的巩固，以及中国共产党的执政地位和执政能力，更关系我国的社会主义制度。对于社会上那些针对国有企业的曲解、攻击和谩骂，鼓吹"全盘私有化"、希望将国企搞弱、搞小、搞垮的意图，必须从政治的高度去理解，坚决反对这些错误的主张。要改进国有资本授权经营体制，实行分类管理，将国企监管的重点向"管资本"转变，增强国有经济的活力、控制力、影响力、国际竞争力和抗风险能力，防止国有资产流失；探索混合所有制改革，实现"国民共进"、优势互补；加强党对国有企业的集中统一领导，建立中国特色现代企业制度；优化国有经济的总体布局，推动向事关国家安全、国民经济命脉、国计民生的行业，以及具有重要战略意义和核心竞争优势的行业集中。

（二）着力防范化解重大安全风险

防范和化解重大风险，是推进中国式现代化和全面深化改革，解决新时代中国社会主要矛盾的必然之举。这就需要转变传统思想,树立总体国家安全观,加强防范政治、经济、社会、网络等重点领域风险,走出一条中国特色的国家安全之路。

第一,树立"大安全"理念,在新时代坚持总体国家安全观。一是总体国家安全观要求从全局看问题,对国家安全进行系统考察和综合把握。社会经济发展的内在风险经过长时间的积累,其发生的概率不断增加,可能造成的社会危害程度很大。由于新时代中国社会主要矛盾具有全局性、系统性、变易性、复杂性的突出特点,某一领域暴露的问题,反映出的往往是整个经济社会运行体系和发展方式的弊病;而一个领域风险的爆发和激化,在当前极有可能造成连锁反应,演变成为全局性、颠覆性的危机。二是要统筹考虑发展和安全,用发展的成果来筑牢安全之基础,以更高水平的安全作为国家和社会长期繁荣发展的可靠保障。妥善解决新时代中国社会主要矛盾的前提和基础,就是有一个安全稳定的国内形势;而消除潜在的风险因素,维护国家安全,也是解决新时代中国社会主要矛盾的内在要求。三是要充分考虑和审慎处理各个领域的安全,当前国家安全形势复杂多变,随着科技进步和社会发展,安全的内涵和外延都发生了很大变化,除了政治、军事、外交方面的传统安全风险,还出现了暴力恐怖主义、自然生态危机、网络信息安全、社会公共卫

第四章
在持续解决新时代中国社会主要矛盾的过程中推进中国式现代化

生等非传统安全风险。面对如此错综复杂的安全威胁，需要从实际出发，紧紧扭住关键领域的核心安全工作，同时全面协调消除各个领域的安全隐患，努力发现其中的规律，制定合适的应对策略，广泛开展国家安全教育，培养民众形成自觉的国安意识。四是坚持党管国家安全工作，发挥党统领全局、协调各方的优势，2013年党的十八届三中全会决定成立的中央国家安全委员会，就是一个负责统一领导和处理国家安全工作的重要机构，是新时代完善中国国家安全体制采取的重大改革措施。五是要时刻保持忧患意识，坚持底线思维，发扬斗争精神。在维护国家安全问题上，任何时候都要保持高度警惕，对事情从做最坏的打算出发打造国家安全防控体系，从而达到有备无患，确保主动权掌握在自己手中，争取得到最好的结果。应当估计到，在解决新时代中国社会主要矛盾、推进各个领域深入改革、应对处于动荡变革期的国际环境的过程中，一定会遇到很多困难和挑战，中国共产党人要坚决发扬斗争精神，敢于担当，积极作为，直面改革发展中的现实问题，而不是一味地被动"维稳"，退缩和回避不仅无助于问题的解决，反而会使问题变得更加棘手，造成严重后果。要掌握斗争的科学方法，练就高超的斗争本领，运用马克思主义来分析和解决问题，提高战略思维、历史思维、辩证思维、创新思维、法治思维、底线思维能力，妥善应对挑战，防控风险，做到科学决策，避免出现重大战略性决策失误。

第二，清晰认识到政治安全在国家安全中的根本地位，全力捍卫国家政权安全和制度安全。维护政治安全是国家安全工作中的最重要部分，根本上就是要维护中国共产党的领导与执政地位，以及维护中国特色社会主义的制度安全。历史和现实已充分证明，没有中国共产党的领导，没有社会主义制度，就不可能有国家的繁荣发展、社会的长期稳定和人民生活水平的持续改善；国内外反华反共势力绝不会"良心发现"主动放弃，而是时刻意图颠覆中国的社会主义制度，从未停止其阴谋破坏活动，只不过在不同的时期会采用不同的手段。20世纪80年代末90年代初苏联和东欧社会主义国家亡党、亡国、亡制的惨痛教训，给予中国共产党人以深刻警示，一是要捍卫中国共产党的团结和统一，加强党的自身建设，勇于自我革命，清除党内政治隐患，保证党时刻同人民群众在一起。党的十八大以来，中央大力开展反腐倡廉建设，巩固了党中央的集中统一领导，加强了党对军队的绝对领导，扫除了潜藏在党内的重大政治隐患。二是要高度重视思想意识形态建设，落实党管意识形态工作、党管媒体原则，捍卫马克思主义在思想意识形态的指导地位。要牢牢掌握意识形态斗争的主动权，改变被动应对的不利局面；积极

第四章
在持续解决新时代中国社会主要矛盾的过程中推进中国式现代化

引导社会舆论，继续推动网络法制建设，密切关注并妥善处理网络舆情事件；加强和改善高校思想政治工作，着力发挥思想政治理论课主渠道、主阵地作用，使广大青年自觉树立正确的理想信念，培育出一代代拥护中国共产党领导和社会主义制度、立志成为中国特色社会主义奋斗终生的有用人才。三是要加强防范和打击敌对势力的渗透和破坏活动，坚决维护国家核心利益，保卫国土安全和国家统一，准确完整地理解和贯彻"一国两制"，挫败敌对势力企图将香港、澳门变成反华反共"前哨站"的图谋，严厉打击"台独""疆独""藏独"势力，防止发生暴力恐怖主义事件，肃清反共反华的极端思想在国内的传播渠道及其影响。

第三，认识到经济安全对于国家安全的基础性地位，保证国家的经济安全。进入新时代，中国经济发展面临着"三期叠加"为鲜明特征的新发展阶段，以及受到新冠肺炎疫情全球大流行冲击的世界经济的严重衰退，维护国家经济安全的任务空前艰巨复杂。保证经济安全，首要的是确保中国基本经济制度的安全，确保关乎国计民生的行业和国民经济命脉领域的安全，防止出现国有资产流失，反对新自由主义、全盘私有化等错误思想和超越历史发展阶段的思想。严密防范系统性金融风险，加强金融监管工作，密切注意政府地方债、银行债务等问题。要维护粮食安全，严格保证18亿亩耕地红线，继续坚持走粮食总体自给的道路，将饭碗稳稳地端在自己手里。习近平总书记于2020年8月作出重要批示，要求注意餐饮浪费现象。需要在全社会倡导节约杜绝餐饮浪费，形成良好的社会道德风尚。在具有战略意义的高新技术领域和关键核心技术领域，要组织开展重大科技攻关，力争打破西方发达国家设置的行业壁垒与技术垄断，同时要维护好国家核心技术秘密，加强对重点设施和工程的保卫工作。

第四，着力加强和提升保卫其他重点领域安全的水平和能力。一是加强维护社会安全，坚持以人民为中心，急人民之所急，想人民之所想，解决长期以来人民所关注的看病难看病贵、教育不公平、高房价、就业难、环境污染、赡养老人、劳资矛盾等社会民生问题，推进政府简政放权改革，简化办事程序，提高办事效率，防止发生群体性事件。二是维护网络安全，在信息革命的大潮之下，互联网的存在和发展，已经深入到社会生活的方方面面，大量事关国计民生的信息数据在网上穿梭传播，一旦遭到攻击，会对经济社会的平稳发展造成极大影响。为此要提高网络信息安全的保障能力，加强互联网综合治理，严厉打击网络违法犯罪活动，维护国家网络空间的主权安全。三是维护外部安全，即维护中国公民在海外的人身和财产安全，保护好中国在海外的合理权益，这在经济全球化迅猛推进、中国深度融入国际社会的当代显得越来越重要。维护外部安全当然需要世界各国的共同努力，在全球互联互通日益紧密的今天，没有一个国家能够成为"世外桃源"而独善其身。中国号召倡导共同、综合、合作、可持续的新安全观，摒弃"冷战"思维和零和对抗，代之以普遍的国际安全合作，为建设一个普遍安全的世界而奋斗。

（三）强化改革发展的顶层设计与战略指导

党的十八大以来，"顶层设计"成为描述新时代改革发展的高频词语，其含义是要从把握中国经济社会发展的系统性、整体性、协调性，注意到不同改革措施之间的相互联系，通过自觉的规划令各方面改革形成良性互动，促成协同发展，而不是相互掣肘、彼此制约。强化对改革的顶层设计和战略指导，是解决新时代中国社会主要矛盾，顺利推进中国社会主义现代化建设的内在要求，既要着眼宏观、立足整体，又要敢于突破、大胆尝试，将加强顶层设计和摸着石头过河有机结合起来。

第一，有计划地推动经济社会发展，是社会主义制度的一大基本特征；"有计划"并不等同于高度集中的计划经济，而是指人民政权根据客观规律，自觉主动地制定发展战略和宏观调控。从计划经济到社会主义市场经济的体制变革，绝不意味着否定计划手段，否定政府作用；相反，在新时代不仅要使市场在资源配置中发挥决定作用，还要更好发挥政府作用，实现相辅相成、优势互补。

一方面，市场本身是一种"无主体"的资源配置手段，即各个市场主体在不以人的意志为转移的价值规律的调节下，自发地开展经济活动。市场的这种"无主体性"就会表现为个别企业内部生产的有组织性和整个社会生产的无政府状态的矛盾。在社会主义市场经济条件下，市场在资源配置中起决定作用，不同类型的市场主体同样是独立经营、自负盈亏的，因而也存在着这种矛盾以及矛盾激化的可能性。因此，社会主义市场经济不仅不是要走向完全的"市场化"，也没有推翻国民经济需要有计划按比例发展的客观规律，强有力的国家干预反而是其本身的内在基本特征之一。在实践上，改革开放至今，国家的宏观调控一直扮演着非常重要的角色，其中具有代表性的是国民经济和社会发展五年计划和规划纲要。1978年以后，中国政府制定了八个国民经济和社会发展五年计划或规划纲要（第十个五年计划以后改称"规划纲要"），随着经济体制改革的深化，经济计划也逐渐从指令性的指标转变为指导性的要求，但其出发点始终是国家经济社会发展的总体战略，以实现经济繁荣、社会进步为目标，为五年内的经济社会发展勾画出基本框架。在社会主

第四章
在持续解决新时代中国社会主要矛盾的过程中推进中国式现代化

义市场经济的建设过程中,政府的主要调控手段也从传统计划经济的行政手段变为了以经济手段和法律手段为主,辅以必要的行政手段,例如通过财政手段和货币手段刺激经济或防止经济过热,通过转移支付和政府购买,实现政府的社会职能等。

另一方面,单靠市场的自发作用不可能实现"消灭剥削,消除两极分化,最终实现共同富裕"的社会主义本质,还必须依靠社会主义国家通过制定合适的战略规划和发展策略来实现。事实表明,市场不是一种能够自动实现平等的资源配置手段;相反,市场遵循的是自由竞争、优胜劣汰的"丛林法则",是"以价格高低、财富多寡论英雄"的,虽然落后地区和行业也能够在产业和资本的转移中获得发展,民众的收入也会随着生产力的发展而有所提高,可仍然会自发地产生越来越明显的财富和收入的分化,这已经被改革开放以来显著扩大的财富及收入分配差距所验证。进入21世纪,中国政府采取了多项促进均衡发展的战略举措,2000年1月,国务院成立了西部地区开发领导小组,随后"西部大开发"成为国家五年规划的重点内容之一;2004年3月5日,时任国务院总理温家宝提出了"中部地区崛起"战略,同年4月,中共中央、国务院印发了《关于促进中部地区崛起的若干意见》,重点推动河南、湖北、湖南、江西、安徽和山西6省的经济社会发展。在维护社会公平正义方面，2002年10月，中共中央、国务院印发的《关于进一步加强农村卫生工作的决定》提出建立新型农村合作医疗制度，如今，我国的基本医疗保障制度已基本建立，成为世界上最大的医疗保障网络。党的十八大以来，中央发出了消除绝对贫困的号召，实施精准扶贫战略，在2020年成功实现现行贫困线标准下的人口全部脱贫，完成全面建成小康社会的第一个百年目标。

第二，历史证明，在中国共产党的统一领导下，形成宏观战略规划和微观试点的良性互动，是中国改革发展能够取得瞩目成功的一条基本经验。新中国成立以来，尤其是改革开放以来所取得的经济发展奇迹和社会长期稳定奇迹，绝不是像某些论调所说的那样，一切的成绩都是"经济自由化"的结果，国家在其中扮演的是节节败退的"阻挠者"形象，而是沿着这样的道路实现的：国家确定改革的基本原则和框架，划出绝对不能逾越的"红线"；通过给予政策灵活度和裁量权，激发基层首创精神，大胆采取先行先试，将地方试点取得显著成功的经验上升为国家改革战略和策略进行科学论证和详细讨论，然后加以全国推广。洪源远教授将中国摆脱贫困的道路恰当地描述为"引导创变"（Directed Improvisation），他将中国中央政府发挥的战略作用概括为构想方

第四章
在持续解决新时代中国社会主要矛盾的过程中推进中国式现代化

案、选择方案和创造契合三个主题,中央设计全国改革的总体方案,比如确定"一个中心,两个基本点"的基本路线,"三步走"的发展战略等,通过中央指令发布,在政策执行的过程中在多样性和统一性中作合理平衡;中央选派合适的干部,根据改革发展目标设置干部考核和激励机制,通过分明的奖惩措施来激发各级政府完成相应任务的积极性;通过给予地方一定的自主权限,使其能够充分利用各地区的优势资源和条件,但同时也保持着干预权,将"先富"和"后富"联系在一起,以实现共同发展。通过地方试点上升为全国政策的例子不胜枚举,比较有名的有改革开放之前的鞍钢宪法、枫桥经验,改革开放以后有率先实行"包产到户"的小岗村、医疗卫生体制改革的试点代表"三明模式"等,这些地方试验取得成功后,都沿着前面所述的互动路径,成为意义深远的全国改革措施的先声。

第三,不过,总的来说,新中国成立至今的大部分时间,在涉及顶层设计和"摸着石头过河"的辩证关系上,是"以摸着石头过河"为主的。从1956年中国进入社会主义初级阶段到改革开放以前,在经济社会发展问题上遇到了"大跃进""文化大革命"等较大挫折,处于一种战略被动的状态,而一些为争取主动所采取的调整却并不能奏效。当时的中央领导人并不是不想改变这种局面,但是被一些当时认为绝不能打破的条条框框束缚了手脚，同时对国内国际形势的判断都出现了一定的偏差。改革开放以后，中国回到了集中精力解放和发展生产力，提高人民生活水平的正确轨道上，开始进行历史性的体制转轨，这一阶段"摸着石头过河"的特点十分明显，顶层设计和战略指导并非没有，但相对而言是非常原则性、概括性的，制定出的改革发展方案，大多是被问题"倒逼"出来的，即是在相应领域或方面的弊病暴露，并且产生了一些损失和后果的"症状"之后采取的政策措施，这种情况同样属于一种被动局面。不过，这一时期以"摸着石头过河"为主的特点的出现，有其固有的必然性。一是改革开放是一项史无前例的全新使命，它所生成的包括社会主义市场经济在内的一整套现实的社会制度，不可能先验地被人们所探知，而必须是在逐步建设的实践过程中逐步展开的，所以人们在认识它和把握其固有特点与内在规律的时候，不可避免地会经历一个探索阶段，也就是出了什么问题解决什么问题的摸着石头过河的进程。二是在体制转轨期间，必然有一个打破旧体制、建立新体制的过程，在一个时期，重点仍然是放在解决旧体制的弊病上，而新体制本身还没有得到全面确立，所以它自身的问题还没有得到暴露，或者被旧的缺陷所掩盖而被忽视，只有当新体制基本建立并成系统地运转之后，它的内在问题才会变得愈加清晰。三是在

第四章
在持续解决新时代中国社会主要矛盾的过程中推进中国式现代化

"改革红利"大量释放的时期,由于经济社会的快速发展,社会总体的承受能力比较大,各个阶层尽管所得有多有少,但总归普遍可以从中获益,再加上相关的理论研究工作确实一度落后于形势发展的需要,在一些领域所出现的、有时甚至是很激烈的矛盾和冲突尽管暴露了,但也没有予以足够的重视,即使加以重视,并不能深入到事情的根本层面,在表面上看似乎取得了一时的效果,可之后呈现出"按下葫芦浮起瓢"的窘境,也就是说,问题以另一种形式从另一个现象中冒了出来,解决的难度要比此前更大,使得情况变得越发复杂、棘手。

第四,当前加强顶层设计和战略指导,为的是适应新时代中国社会主要矛盾变化发展的客观要求,将全面改革进行到底。新时代中国社会主要矛盾具有全局性、系统性、变易性、复杂性的特点,越来越多领域的改革遇到"硬骨头",各方面改革的整体联系增强,互为推进改革的前提条件;前期积累的各种风险相互交织,社会已经不再具有此前的承受空间,任何一方面的矛盾激化都有可能产生连锁反应,发展为系统性危机,这样的形势决定了改革不能再走"头痛医头,脚痛医脚"的老路。所以,要加强顶层设计,一是要完善党对各个领域的集中统一领导,发挥党总览全局、协调各方的巨大优势,同时建立各方面改革的领导组织协调机构。

党的十八大以来，党在各方面改革发展领域的领导作用得到不断强化，先后成立了中央全面深化改革委员会、中央全面依法治国委员会、中央财经委员会、中央外事工作委员会等机构，党组织的覆盖面和领导力得到极大改善。二是要加强理论研究和科学规划，为深化改革绘制出符合相应领域发展规律的"路线图"，提前预测并规避风险。当前，中国在推进各领域改革上已经积累了一定的经验，具备了进行顶层设计的基本条件和能力。三是要在顶层设计和战略指导的引领下，继续发挥摸着石头过河的改革方法。当前，摸着石头过河要以顶层设计为前提，在落实中央改革部署的过程中积极稳妥地认识和把握规律，及时纠正偏差，将好的地方探索经验纳入顶层设计的规划之中；对于重大改革措施要选取具有代表意义的试点，密切进行跟踪和研究。

二、以人民为中心推动全面发展

要解决新时代中国社会主要矛盾和推动中国式现代化，必须革新发展理念，转变发展方式，优化发展格局，形成以人民为中心的，高质量、高效益的全面发展。在新时代的改革发展实践中，中国共产党人对新发展阶段进行科学研判，提出以人民为中心的发展思想，开创性地总结出创新、协

第四章
在持续解决新时代中国社会主要矛盾的过程中推进中国式现代化

调、开放、绿色、共享的新发展理念，并在全面推进经济、政治、文化、社会、生态文明建设的改革实践中加以贯彻。

（一）牢固树立以人民为中心的发展思想

坚持以人民为中心，是新时代坚持和发展中国特色社会主义所要遵循的最根本立场。以人民为中心，就是要把人民对美好生活的向往作为中国共产党人奋斗的目标，激发人民群众的积极性、主动性、创造性，把人民的态度作为评价一切工作好坏得失的根本标准。

以什么为中心，也就是以什么作为中心任务、首要目标和评价标准。改革开放提出以经济建设为中心，是有着具体的社会历史条件和特定含义的。改革开放之前，党和国家按照"以阶级斗争为纲"的路线，造成了"文化大革命"这样的失误，国民经济虽然取得了可喜的进步，但在一定程度上受到了束缚。这就是说，确定以经济建设为中心，是对1956年社会主义改造完成以后到改革开放前后的正反两方面探索经验的深刻反思和总结所得到的结论。以经济建设为中心，其内涵指的就是要把解放和发展生产力作为根本任务，其他一切工作的开展都要服务于生产力所提出的客观要求。这实际上是说，经济建设在各方面建设之中具有统领地位，经济领域的各项指标被当作衡量社会发展程度的首要标准。实践证明，提出以经济建设为中心，符合社会主义初级阶段的基本要求，推动了中国社会面貌的巨大变革。只要社会主义初级阶段的历史使命还未完成，就需要把经济建设摆在突出位置，不断巩固中国改革和发展所仰赖的物质基础。

2012年党的十八大以来，中央提出了以人民为中心的发展思想，并成为习近平新时代中国特色社会主义思想的核心内容之一。2015年党的十八届五中全会通过的"十三五"规划建议文件中，首次出现了在"坚持人民主体地位"一段之下的"必须坚持以人民为中心的发展思想"的表述，此后上升为党和国家制定和实施各项战略部署所必须坚持的一大基本原则。提出以人民为中心，针对的是解决新时代中国社会主要矛盾，实现高质量发展，完善治理体系，提升治理能力，满足人民的美好生活需要。以人民为中心，并不是对以经济建设为中心的简单否定，生产力的进步对于整个社会的发展而言仍然具有归根结底的决定作用，中国目前同发达资本主义国家仍然存在明显差距，经济建设在社会各领域建设之中依然具有基础性、牵引性作用；而高质量发展，体现的也主要是经济发展的阶段性特征。以人民为中心的发展思想所反映出来的，是经济、政治、文化、社会、生态文明等领域，其作为相互联系的有机整体的性质逐渐突出，需要加强顶层设计和总体规划；同时各个领域的相对独立性有所增强，即不能完全以能否推动经济发展作为衡量标准，而要根据不同领域各自的独特规律来制定相应的发展战略，从而满足人民多样的美好生活需要。这一思想还意味着坚决摒弃那种为了取得一时的经济成果，从而牺牲环境、侵害人民利益的思想和行为，如"唯GDP论""先污染后治理"论等等。

以人民为中心是中国共产党人的根本立场。经济社会发展的根本目的是为了人民，是为了最终实现一切人自由和全面的发展，这是马克思主义的一贯准则和要求，也是马克思主义最鲜明的品格。中国共产党成立至今的100多年来，始终将为中国人民谋幸福，为中华民族谋复兴作为初心和使命，带领中国人民摆脱半殖民地半封建社会的种种剥削和压迫，根本改变了国家"一穷二白"的落后面貌，在彻底消除绝对贫困的斗争中取得了历史性胜利，向着实现全体人民共同富裕的美好未来前进。总而言之，党领导进行的中国革命、建设和改革，都是为了实现人民的美好生活；而人民对美好生活的期许和愿景，又是推动经济社会不断发展所内在的、最具持久性的主观力量。在新时代，要密切注意到人民群众的需求变化，更好地满足人民在教育、医疗、住房、就业、环境、安全等方面的日趋多层次、个性化的需要，始终同广大人民群众同心同向。

以人民为中心，要求明确人民的主体地位，将人民的态度作为一切工作得失的评判标准。人民是社会物质财富和精神财富的创造者，是不断推动历史进步的根本力量，是历史唯物主义的基本观点。解决新时代中国社会主要矛盾，更要为进一步激发人民群众的积极性、主动性、创造性提供良好的条件和平台，扫除束缚人民首创精神的体制机制障碍。要充分发扬人民民主，保证人民依法有序管理社会各项事务的权利。不管进行哪个领域、哪个方面的建设，都必须将人民的态度作为根本准绳——也就是要把人民拥护不拥护、赞成不赞成、高兴不高兴、答应不答应作为衡量一切工作得失的根本标准。在新时代，中国共产党人面临的国内外风险挑战增加，前路上有着诸多全新的执政考验，要始终坚持群众观点，落实群众路线，紧紧依靠人民攻坚克难，虚心向人民群众学习，通过调查研究清晰了解人民所思所想所盼，时刻保持着同人民群众的紧密联系，及时注意并纠正一切脱离群众的思想和行为，提高领导本领。

坚持以人民为中心，还要明确实现共同富裕的基本目标。共产党人没有自己特殊的利益，它是为实现最广大人民的根本利益而服务的，而不是为某一狭小群体或集团的片面利益服务的。中国特色社会主义新时代是全国各族人民团结奋斗、不断创造美好生活、逐步实现全体人民共同富裕的时代。所谓共同富裕，既不是普遍贫穷，也不是"大家都一样"的平均主义,更不是一小撮人的暴富和大多数人的拮据,而是保证社会公平正义、改革发展利益惠及全体人民的宏伟愿景。经过新中国成立以来的70多年艰苦努力,中国人民和中华民族拥有了保证独立自主的物质基础和制度基础,人民生活水平得到大幅提高;中国共产党人按照允许一部分人先富起来,先富带动后富的思路,分步骤、分阶段地向共同富裕的目标前进。进入新时代,要将以人民为中心贯彻到改革发展的整个过程和各个方面,实现发展为了人民,发展依靠人民,发展成果由人民共享。既要继续提高社会财富的总量,也要通过完善制度体系,改变财产收入分配差距过大的状况,避免发生贫富两极分化,维护社会的公平正义,充分发挥社会主义的优越性。

(二)贯彻创新、协调、绿色、开放、共享的新发展理念

新发展理念,即创新、协调、绿色、开放、共享的发展理念,是党的十八大以来中央通过对中国经济社会进入新发展阶段的战略研判,有针对性地为解决新时代中国社会主要矛盾而提出的发展思想。在一定意义上说,发展理念是否正确,是否符合发展阶段的客观需要,对于发展所取得的成效和成败有着决定作用。五大发展理念各有侧重,相互支撑,

构成了一个有机统一的思想体系，具有同等的重要性。新发展理念首先是对于经济发展所提出的，"十四五"规划建议指出要把新发展理念贯穿发展全过程和各领域，这说明新发展理念成为指导新时代中国各领域发展的基本遵循。

创新的发展理念，说的是如何解决发展的动力问题。毋庸置疑，有了动力才可能实现发展。如今中国经济总量居于世界第二，大量工业品和消费品的产量位列世界第一，但从科技含量上来看总体并不高，大多是中低端产品，部分高端产品不掌握核心的生产技术和必要设备，不得不高度依赖进口。例如，中国用于计算机系统、通用电子系统、电信设备等多个领域的高端芯片，八成以上来自进口；由于技术条件不具备，无法满足所需标准，国内还无力独立制造出生产芯片需要的高精度光刻机。这说明中国越来越迫切要求实现创新引领和驱动发展。当今世界，经济社会发展越来越仰赖各方面的创新，国际竞争越来越比拼创新能力，哪个国家、哪种制度能够在创新力上快人一步，那么就能取得发展的主动权。在新时代，要重点推动关键领域的创新突破，以此带动各个方面的发展。一是要推动思想理论创新，在坚持根本原则的前提下，敢于打破旧思维，在认真分析实际的基础上形成新理念。习近平新时代中国特色社会主义思想，是党的十八大以来理论创新取得的最新成果，需要在接下来的改革发展实践中将它继续丰富和完善。二是要进行制度创新,改革那些有碍于提升创新能力的体制机制。要在社会主义市场经济条件下,探索建立新型举国体制,集中力量进行重大科技攻关;构建更加科学合理的人才培养体系和评价体系,尊重和保护科技创新成果。三是要加强提升创新水平的规划部署,重点攻克富有前瞻性、战略性,事关国计民生领域的技术难题,努力打通"卡脖子"环节,从而实现从跟跑、并跑向并跑、领跑的转变。

协调的发展理念,针对的是解决发展的不平衡问题。新时代中国社会主要矛盾具有全局性、系统性特点,就是说各个发展领域之间需要相互配合、共同推进,而非相互掣肘、彼此束缚。事物之间的普遍联系,是马克思主义的一个基本观点,要实现良好的发展,需要把握好生产力、生产关系—经济基础、上层建筑之间的辩证关系,使生产关系适应生产力,上层建筑适应经济基础,同时也要注意到生产关系、上层建筑的相对独立性,理顺其中各种因素的关系。协调发展既是手段,又是目的,既不等于"单兵突进",也不等于搞平均主义,而是要立足行业既有优势,巩固领先地位,同时明确行业短板,弥补自身缺陷,两方面不是绝对矛盾而是相互促进的关系。要学会运用辩证法,善于"弹钢琴",处理好局部和全局、当前和长远、重点和非重点的关系,在权衡利弊中趋利避害、作出最为有利的战略抉择。一是要推动实现区域协调发展，努力缩小区域发展差距。在新时代继续推行东北地区振兴战略、中部崛起战略和西部大开发战略，实施京津冀协同发展和长江经济带发展战略，根据"一带一路"倡议的需要优化调整国内经济布局，继续支持革命老区、民族地区、边疆地区、贫困地区的发展。二是要推动以工促农、以城带乡，着力缩小城乡发展差距。深入推动土地集体所有权、承包权、使用权的"三权分置"改革，探索宅基地制度改革，加快对土地的确权颁证，保障农民合理的土地权益。实施乡村振兴战略，推动农业产业化发展，改善农村基础设施，着力巩固脱贫攻坚战的胜利成果，继续提高农村低收入群体生活水平，防止返贫现象。三是统筹经济、政治、文化、社会、生态文明的各方面建设，改进政府治理效能，不断提高人民思想道德素养，保证和改善社会民生，促进形成绿色的生产生活方式，推动军民深度融合发展。

绿色的发展理念，旨在解决人与自然和谐共生的问题。马克思在《资本论》中谈到："劳动首先是人和自然之间的过程，是人以自身的活动为中介、调整和控制人和自然之间的物质变换的过程。"大自然是人类文明生存和发展的基础，人类活动不仅创造着自身的文明，还改造着自然界，并相应地产生不同的结果，双方是一种共生的关系。国内外的历史

第四章
在持续解决新时代中国社会主要矛盾的过程中推进中国式现代化

反复证明，人类对大自然采取破坏性的掠夺，那么大自然就会实施报复；如果人类能够尊重自然规律，保护生态环境，那么大自然也会给予慷慨的回报。当前，生态文明成为制约中国经济社会发展的一块比较突出的短板，也是粗放的发展方式不可持续的明证，如果不能及时调整发展战略，必将尝到生态破坏带来的苦果。实现绿色发展，转变传统观念是关键。在生态环境保护问题上，应树立大局观、长远观、整体观，不能因小失大、顾此失彼、寅吃卯粮、急功近利。要打破将经济发展和保护环境对立起来的错误想法，确立"绿水青山就是金山银山"的理念，绝不允许再出现"先污染后治理"的行为，生态环境的自我修复时间漫长，有些方面甚至具有失去以后再难挽回的"一次性"特点，那种不计环境代价的发展模式必须坚决摒弃。要推动形成绿色低碳的生产方式和生活方式，将绿色发展的理念贯彻到社会的方方面面，还人民群众一个天蓝水清的优美环境。

开放的发展理念，对应的是发展的内外联动问题。只有坚持开放才有可能实现繁荣，闭关锁国必将落后于时代潮流。清朝的闭关锁国政策，是造成中国没能赶上工业革命，从而导致近代成为西方列强剥削压迫对象的重要因素；改革开放40多年的历史，有力印证了对外开放是实现经济社会繁荣进步的正确举措。坚持开放的发展理念，事关中国能否在新时代继续掌握发展的主动权。中国经历了从新中国成立后的封闭半封闭状态,到改革开放之初主要将国外资金和技术"引进来",到"两头在外,大进大出"、"引进来,走出去"相结合的发展格局,再到新时代构建国内大循环为主体,国内国际双循环相互促进的新发展格局的过程。20世纪90年代以来加速推进的经济全球化,是历史发展不可动摇的长期趋势,中国开放的程度只能越来越大,只能更加积极主动地扩大开放,形成更高水平的对外开放格局。同样不能否认的是,2008年国际金融危机以来,经济全球化受到了贸易保护主义、政治民粹主义等"逆全球化"力量的冲击,长期以来西方主导的全球治理体系有所动摇,可西方发达国家的领先优势没有发生根本改变。总而言之,世界正经历百年未有之大变局,中国和世界要素禀赋的改变,意味着原有的发展格局需要调整。要使国内国际双循环相互促进,以国内大循环吸引全球资源要素,改进国内营商环境,推动国内外相关标准和体制的互相衔接,充分发挥中国的超大国内市场优势。

共享的发展理念,瞄准实现社会公平正义问题,实质上体现的是以人民为中心的发展思想,是中国特色社会主义的本质要求。第一,需要做到全国人民的全覆盖,即全民共享,而不能由某个特殊群体来进行所谓"共享"。第二,从内容上看，需要实现全面共享。这就是说，经济、政治、文化、社会、生态文明五大领域的发展成果，都要由全体人民共享，在新时代，要重点满足人民在医疗、教育、养老、生态环境等方面更加迫切的要求，使人民实实在在地享受到社会进步带来的好处。第三，从共享的实现途径上看，要落实共建共享。实现共享发展，需要激发人民首创精神，组织人民群众参与到社会主义现代化建设实践中去。要充分发扬民主，使民众依法有序表达意愿、行使权利。第四，共享范围和程度的提升，必然是渐进的共享，不等于平均和无差别，不可能超越社会实际发展阶段和水平。既要避免许下不切实际的承诺，也要避免能提升而不愿提升的行为。

（三）坚持经济、政治、文化、社会、生态文明建设的全面推进

开启全面建设社会主义现代化国家的新征程，推动中国式现代化，就是要实现中国经济社会的高质量发展，这是解决新时代中国社会主要矛盾的根本途径。所谓高质量发展，就是能够很好地满足人民日益增长的美好生活需要的发展，是体现新发展理念的发展，是创新成为第一动力、协调成为内生特点、绿色成为普遍形态、开放成为必由之路、共享成为根本目的的发展。高质量发展也是经济、政治、文化、社

会、生态文明"五位一体"的全面发展。

第一,以供给侧结构性改革为主线,建设现代化经济体系。供给和需求是市场经济两个内在的基本范畴,相应地也就有供给管理和需求管理两种宏观调控手段。新发展阶段的中国经济主要问题并不在需求侧,因为种种事实说明,有效需求并非不足,而是需求的质性要求改变了,需求外溢现象明显,关键在于供给侧不能适应经济发展的要求,不能满足国内民众升级了的各方面需要。而且,供给侧的问题是结构性的,它表现出来的是部分行业产能过剩和高端产品严重依赖进口并存,绝非按以往的需求管理做法或者照搬西方"供给学派"的理论就能解决的。要将供给侧结构性改革同需求管理有机结合,实现经济的高质量发展。建设现代化经济体系是当前中国经济发展的战略目标,它是由社会经济活动各个环节、各个层面、各个领域的相互关系和内在联系构成的有机整体,包括产业体系、市场体系、收入分配体系、城乡区域发展体系、绿色发展体系、全面开放体系,以及政府和市场作用相得益彰的经济体制。要大力推动发展实体经济,强化金融服务于实体经济的本来职能,防范系统性金融风险;通过推动产业兼并重组、淘汰落后产能、积极参与"一带一路"建设等途径,化解过剩产能。坚持推进创新驱动的发展战略,集中攻克"卡脖子"的关键核心技术,重点支持

第四章
在持续解决新时代中国社会主要矛盾的过程中推进中国式现代化

战略性新兴前沿产业，掌握科技创新的主动权。促进城乡之间、东中西部地区之间的经济协调发展，发挥中央和地方两个积极性，既要从全国层面进行统筹规划，又要继续发掘区域的比较优势。要继续推动符合新时代发展方向的开放型经济，使国内国际双循环相互促进。要继续建设社会主义市场经济体制，完善产权制度，推动要素配置市场化，同时更好发地挥政府作用。

第二，推动社会主义民主法治建设，稳步进行政治体制改革。新时代发展社会主义民主政治，要继续坚持将党的领导、人民当家作主、依法治国有机统一起来，构建全过程人民民主，通过建设完善的制度体系来保证人民当家作主的实现。要建设好人民代表大会制度、中国共产党领导的多党合作和政治协商制度、民族区域自治制度、基层群众自治制度，这些制度是中国共产党领导中国人民在革命、建设和改革之中艰苦探索出来的，在根本上具有比资产阶级民主更大的优越性。要积极推动协商民主的发展，在作出重大决策时要在人民中间进行充分协商，保证决策的民主性、科学性，开辟更多样的协商渠道，丰富协商议题和内容，激发群众的主人翁意识，提振参政议政的热情。要全面推进依法治国，建设中国特色社会主义法治体系，为新时代经济社会发展提供完善的法治保障。要落实党的民族宗教政策，牢固树立中华民族共同体意识，维护民族团结，推动各民族的繁荣发展，坚决反对大汉族主义和狭隘民族主义的错误倾向，严厉打击一切挑拨民族矛盾、意图分裂国家的行动；保证宗教信仰自由，坚持宗教的独立自主自办原则，引导宗教与社会主义社会相适应。要做好统一战线工作，深化群团工作改革，妥善处理人民内部矛盾，实现爱国主义、社会主义旗帜下的大团结大联合。

第三，坚持以人民为中心的文艺创作导向，推动社会主义文化的繁荣。要实现中华民族的伟大复兴，不仅需要牢靠的物质力量，同样需要强大的精神力量。要实现社会主义文化的繁荣发展，首要的是树立马克思主义文艺观，坚持以人民为中心的文艺创作导向。中央文艺工作座谈会、哲学社会科学工作座谈会等一系列重要会议，为新时代建设社会主义精神文明进行了"谋篇定调"。一方面，要重点发展中国特色的哲学社会科学。当前中国特色社会主义进入新时代，迫切呼唤着哲学社会科学的优秀理论成果。要坚持以马克思主义为指导发展哲学社会科学，深入读原著、悟原理，真正弄懂马克思主义的思想体系；把人民立场作为最根本的研究立场，既反对寻章摘句、生搬硬套的教条主义倾向，也要反对否定马克思主义的科学性，忽视其指导作用的实用主义倾向；要增强问题意识，在生动的实践中去运用马克思主义分析和解决问题。发展哲学社会科学要符合时代所需,具有中国特色,善于从中国传统文化、外国先进思想之中汲取智慧;既要坚持原则底线,又要瞄准重大理论和实践问题,敢于解放思想,大胆创新,总结中国改革发展的实践经验,形成规律性认识;要创新学科体系、学术体系、话语体系,着重建设对外话语体系,改变中国在国际上"有理说不出、别人听不懂"的局面。另一方面,要更多创造出符合时代发展和人民需要的优秀作品。在文艺创作之中,要端正态度,拿出"十年磨一剑"的精神,努力提升作品质量,不搞急功近利、粗制滥造的"机械化""快餐式"产品,这样的产品不仅对整个文化事业、文化产业的发展造成不良影响,同时也经不起人民的检验,不能满足人民的精神需要,属于无效供给。要坚持贯彻百花齐放、百家争鸣的方针,提倡不同文艺形式、不同思想观点的激荡碰撞,迸发出更多的艺术创作灵感。致力于培养出一批批文艺工作者,增强文艺界人士的担当精神和社会责任感。要顺应网络新媒体的发展趋势,积极主动地推动文艺变革。

第四,着力保障和改善民生,不断增强民众的幸福感和获得感。社会主义发展的根本目的是满足人民需要,逐步实现一切人自由全面的发展,这是社会主义同资本主义的一个根本区别。一方面,要增进民生福祉,归根结底要靠发展。

要不断增加社会财富的总量,为改善民生创造雄厚的物质基础;要推动社会主义精神文明建设,创造大量优质的文化产品。也就是说,要不断把"蛋糕"做大。同时,要推动国家和社会各项制度的完善,保障人民管理社会各方面事务的民主权利,使改革发展成果更加公平地由全体人民共享,分好"蛋糕"。而保障和改善民生的过程,又是推进经济社会不断进步的过程。人民生活水平的提高,能够极大提振民众参与社会主义现代化建设的积极性,扩大国内消费需求,引领产业升级,更好地激发人民当家作主的主人翁意识,从而促进各个领域的持续发展。另一方面,要重点解决人民最为关心,关系到直接现实利益的问题。要瞄准充分就业、高质量就业的目标,多方面提高劳动者素质,破除束缚劳动力流动的一系列障碍,增强协调处理劳动纠纷的能力。要把教育事业摆在优先位置,推动教育现代化,普遍提高国民综合素质;要坚持医疗卫生事业的公益性,不搞全盘的市场化和商业化,深入推进医药卫生体制改革;完善收入分配制度,坚持贯彻按劳分配原则,健全按要素贡献分配的相关机制,强化政府的再分配调节职能,防止出现两极分化;巩固全面小康建设成果,打造社会保障"安全网";坚决进行"扫黑除恶"斗争,维护社会安定,保障人民安宁,形成共建共治共享的社会治理格局。

第五,努力实现人与自然和谐共生,满足人民对优美生态环境的需要。生态兴则文明兴,生态衰则文明衰。生态文明建设在党的十八大上第一次被纳入"五位一体"的总体布局,此后,中央接连发布《关于加快推进生态文明建设的意见》《生态文明体制改革总体方案》等多份战略指导性文件,为新时代发展生态文明作出了顶层设计和整体规划。在中央统一部署下,一批高污染、高能耗企业有序退出,环保监管力度持续加大,相关法律法规不断健全,民众所关注的空气污染、水土流失、土地荒漠化等环境问题得到明显改善。要树立生命共同体理念,坚持人与自然和谐共生的原则,对山水林田湖草进行统筹治理,为大自然留下生态修复的时间和空间。要将优美的生态环境看作是一笔宝贵的财富,发掘其社会经济价值,推动绿色产业的发展,把生态经济培养为新的经济增长点。要培育构建绿色的生产方式和生活方式,推广实施垃圾分类,推动"厕所革命",力倡节约环保意识。要以促进生态系统良性循环和防范化解环境风险为重点,着力构建生态文明体系,运用严格的法律和严密的制度来解决生态环境问题。最后,要加强生态文明建设的全球治理和国际合作,为人类文明的可持续发展贡献中国智慧,提供中国方案,共同建设一个清洁美丽的世界。

三、实现国家治理体系和治理能力的现代化

完善和发展中国特色社会主义制度，实现国家治理体系和治理能力现代化，是全面深化改革的总目标，紧紧抓住了解决新时代中国社会主要矛盾的关键环节，是中国式现代化的重要内容。要实现高质量发展，满足人民多层次、个性化的需要，应对国内外的风险和挑战，必须建立一套更加成熟、更加定型、更加完善的制度，不断提高运用国家制度，对社会各个方面事务进行科学有效治理的能力。

（一）巩固与加强中国共产党的集中统一领导

中国共产党的领导是中国特色社会主义的最本质特征和最大优势。在新时代要将党的建设新的伟大工程推向前进，就要落实全面从严治党，促进党的自我革命，加强党对各个方面工作的领导。

中国共产党成立以来，始终是一个以革命理论、革命精神为指导的马克思主义政党。纵观党的百年发展历程，党每一次遭遇挫折并走出挫折、创出更大辉煌的历史，都有力地说明，中国共产党敢于并能够通过自我革命来解决党内出现的问题，保持着承认并自觉改正缺点错误的勇气。党的十八大以来，中央采取了一系列举措，在许多被认为难以改变的

第四章 在持续解决新时代中国社会主要矛盾的过程中推进中国式现代化

顽固问题上取得了突破，根本扭转了党内的不良风气。不过，在新时代，党要面对的长期执政考验、改革开放考验、市场经济考验、外部环境考验依然严峻复杂，精神懈怠危险、能力不足危险、脱离群众危险、消极腐败危险还没有得到根本解决，在某些领域表现得依然尖锐。因此，中国共产党人决不能产生"歇歇脚"的想法，需要时刻保持并发扬自我革命精神，做好应对各种风险挑战的准备。在新时代，要坚持不忘初心，牢记使命，全面从严治党。当前党内出现的许多问题，思想上的总病根就在于部分党员干部忘记了初心使命，背弃了理想信念，直至走上严重违纪违法犯罪的道路。党的十九大报告提出了新时代党的建设总要求，为全面从严治党作出了统一部署。

一是要明确政治建设在党的各方面建设中的根本意义。要巩固马克思主义作为党的指导思想的地位，贯彻党在社会主义初级阶段的基本路线，站稳人民立场；增强"四个意识"，坚定"四个自信"，自觉做到"两个维护"，始终同以习近平同志为核心的党中央保持高度一致，加强党对一切工作的领导；强化党组织的政治功能，发挥基层党组织的战斗堡垒作用，提升全体党员的组织观念；抓住党员领导干部这个"关键少数"，在为人民服务的工作实践中提高干部的政治能力。营造风清气正的党内政治生态，打造出纪律严明、规矩清楚、奖惩分明的党内政治气氛,把政治标准作为选拔干部的首要标准。

二是要加强党的思想建设,把坚定理想信念作为主要任务。要严守党员"入口关",更加注重发展党员的质量,加强对入党积极分子、党员发展对象的思想理论考查,力戒形式主义,保证既要在组织上入党,更要在思想上入党。对丧失理想信念的党员,要及时加以清除。要明确理想信念评判的正确标准,不是看一个党员能背诵多少经典、口号喊得是否响亮,而是看他能否在大是大非问题上旗帜鲜明,面对重担是否具有担当精神,是否能够经受住各种各样的诱惑。要认真掌握马克思主义,特别是加强学习习近平新时代中国特色社会主义思想,真正领会其中的科学道理,掌握马克思主义的基本立场、观点、方法。

三是做好党的组织建设工作,提供有力组织保证。要遵循新时代党的组织路线,贯彻民主集中原则,落实集体领导,发扬党内民主,加强基层党组织建设,切实解决部分党组织的虚化、弱化、边缘化现象。要建设一支高素质专业化的干部队伍,坚持党管干部原则,完善干部培养、考核、选拔体系,坚持选人用人的正确导向,打破干部"能上不能下"的瓶颈,注重培养一批批优秀的年轻干部。

四是要重视党的作风建设,始终保持党和群众的血肉联

第四章
在持续解决新时代中国社会主要矛盾的过程中推进中国式现代化

系。党和群众的关系问题是作风建设的核心所在。党员干部要充分发挥模范带头作用,树立人民立场,践行群众路线,认真听取群众意见,自觉接受群众监督,虚心向群众学习。共产党人始终是人民的一员,绝不允许自觉高人一等、简单地把群众视为"暴民""刁民"的错误观念滋长。坚决反对形式主义、官僚主义、享乐主义和奢靡之风,将"两学一做""不忘初心、牢记使命"等学习教育活动的成果保持下去,实现常态化、制度化。

五是要做好党的纪律建设工作,完善党内法规体系。应该说,在一个时期以来,党的纪律建设存在着不少问题,典型的是党内法规体系的不完备不健全,不少重要的工作领域没有成文的法规,形成了党建工作中的短板。要构建起以党章为核心的党内法规体系,对党内规范性文件进行集中清理,该废止的予以废止,该保留的明确保留,该完善的推动完善。党的十八大以来,中央在2016年12月提出了《中共中央关于加强党内法规制度建设的意见》,要求尽快构建"以党章为根本,以民主集中制为核心,以准则、条例等中央党内法规为主干,由各领域各层级党内法规制度组成的有机统一整体"的党内法规体系,在2021年建党一百周年时做到体系健全、制度实施到位、建设保障有力。共产党员要强化纪律意识,无条件严格遵守党章党规,首要是遵守政治纪律、政治规矩，对于一切违规违纪行为必须严肃查处。

六是要改进党的制度建设和反腐倡廉建设，逐步做到"不敢腐、不能腐、不想腐"。贪污腐败带有极大的危害性，会严重破坏党的形象，弱化党的先进性和纯洁性，令党脱离群众，如果不能及时制止，甚至会造成亡党亡国亡制不可挽回的后果。一是要标本兼治，以雷厉风行之势开展反腐败斗争，有效刹住贪污腐败滋长蔓延的势头，长期保持反腐败高压态势，着力"打虎""拍蝇""猎狐"，做到反腐无禁区、全覆盖、零容忍，有力震慑贪腐分子，创造不敢腐的氛围，增强民众对党的信心和信任，为研究推行治本之策赢得时间。二是要打造一套"不能腐"的制度体系。要建设完善党内监督体系，发扬批评和自我批评的优良传统，确保党内没有不受监督的权力，使贪腐分子没有可乘之机，没有漏洞可钻。三是要夯实党员干部的理想信念，深挖造成贪污腐败的思想根源，实施针对党员干部的反腐倡廉引导和教育。腐败分子之所以走上了违纪违法的不归路，从根本上讲就是思想意识上出了问题，忘记了初心和使命。理想信念和党性修养不是一劳永逸的事，而需要融化于党员干部的日常生活之中，将巩固初心使命变成一种工作和生活习惯，才能在根本上形成"不想腐"的自觉。

（二）不断推进党和国家机构改革

改革党和国家的机构，推动党政的科学分工，是实现国家治理体系和治理能力现代化的重要举措。进入新时代以后，中央结合新中国成立以来、改革开放以来党和国家历次机构改革的正反两方面经验，对机构改革提出了新思路新观点，在2018年进行了重大机构调整，为解决新时代中国社会主要矛盾创造了制度保障。

1978年改革开放至今，国家总共进行过九次较大规模的机构改革，分别是在1982年、1988年、1993年、1998年、2003年、2008年、2013年和2018年。改革的总体思路，是要适应从计划经济到社会主义市场经济体制的转变，相应地转变政府职能，推动实施政企分开、党政合理分工、精简机构设置，从而改进党的领导，降低行政成本，显著提高治理效能。20世纪80、90年代的几次机构改革，总体上解决了政企不分的问题，尤其是1998年的机构改革，几乎撤销了全部工业经济专业部门，如电力工业部、煤炭工业部、化学工业部等，相应方面的经济职能通过组建企业实现，行政职能归并到其他部门；2013年，铁道部正式撤销，其职责由中国铁路总公司和交通运输部承接，标志着政府经济专业部门改革的完成。进入21世纪以后的机构改革思路，目标是提高政府提供社会公共服务的效能，提出了"大部门制"的改革方向，主要体现在2008年和2013年的机构改革中。

在党政关系方面，中央也作出了一些机构改革探索。20世纪80年代，"党政分开"被提出作为政治体制改革的重要内容，它的含义是将党政职能分开，提出党主要进行大政方针决策的领导，为国家机关推荐重要干部；主要方式是将党的主张通过法定的程序上升为国家意志，通过党组织的活动和党员的模范作用来带动人民群众，实现党的路线方针政策的贯彻执行。当时提出了逐步撤销政府各部门的党组、党的纪检机构主要关注处理党纪问题等带有探索性质的改革措施。应该说，"党政分开"是要对解决权力过分集中的问题提出的，改革的根本目的还是要加强和改善党的领导，理顺党政关系，这一点是始终不变的。实践表明，绝不能将中国共产党的领导和执政拆开，把党的集中统一领导权分开。

党的十九届三中全会通过的《中共中央关于深化党和国家机构改革的决定》反映了新时代中央对于党政关系问题的上述理论思考，把制度设计和机构安排的着力点放在加强党对一切工作的领导，统筹考虑设置党政机构。明确机构改革的目标是形成一套包括党的领导体系、政府治理体系、武装力量体系、群团工作体系等在内的，系统完备、科学规范、运行高效的党和国家机构职能体系，从而使国家的治理能力和水平得到全面提高。同时，这次机构改革更加按照领域的实际情况进行设计，宜大则大，宜小则小。2018年的党和国家机构改革方案打破了党政机构的固化界限，从整体、系统、战略全局角度进行安排，具有许多新时代的鲜明特征。

一是加强中央顶层设计和整体规划的能力，成立了一系列重要的中央职能机构。党的十八大以来，中央建立健全了党对重大工作的领导体制机制，优化党中央决策议事协调机构，负责重大工作的顶层设计、总体布局、统筹协调、整体推进。中央全面深化改革领导小组、中央财经领导小组、中央外事工作领导小组等专事各领域顶层设计和战略部署的机构，全部升级为更加正式的专门性委员会，还在全面推进依法治国工作、审计工作、教育工作等领域新建类似的专门机构。

二是整合党政职能机构，将部分领域职能交叉重叠的党政部门，以及原先职能设计过细的机构进行撤并，避免出现各自为政、互踢"皮球"的情况。例如，将中共中央党史研究室、中央文献研究室、中央编译局整合为中共中央党史和文献研究院，将中共中央党校（国家行政学院）作为党中央的直属事业单位，采取同一机构两块牌子的方式。

三是充分贯彻以人民为中心的发展思想，更加明确补足社会民生短板的方向，集中围绕人民群众迫切关心的问题设立了一批专门机构，旨在加强政府社会公共服务和管理职能。对于民众十分关注的国民教育、医疗保健、生态环境等领域，国家成立了国家卫生健康委员会、国家医疗保障局、应急管理部、退役军人服务部等机构。在生态文明建设方面，由国务院自然资源部来统一负责国土空间用途管制和生态保护与修复工作，履行作为全民所有自然资源资产所有者的职能，填补了该领域长期以来所有者缺位的空白；而生态环境部则负责制定生态环境政策规划，明确监管标准，执行环保监督监察等工作。

四是对党、政府、人大、政协机构改革，中央机构和地方机构改革，跨军地改革和群团改革实施整体推进，综合考虑经济、政治、文化、社会、生态文明各个领域不同方面的改革需要。机构改革需要妥善处理统和分的关系，局部和全局的关系、当前和长远的关系，大和小的关系，优化和协同的关系。充分发挥中央和地方的积极性。在涉及社会主义市场经济改革方面，强调进一步减少政府直接配置市场资源、直接干预市场活动，大量减少政府的微观管理和各种审批事务，同时提升政府制定战略规划的能力，使宏观调控更具前瞻性、针对性、协同性。对人大、政协机构设置作出了适应高质量发展要求的调整，例如为更多突出宪法精神，推动合宪性审查的有关工作，将全国人大法律委员会更名为宪法和法律委员会；突出国家对"三农"问题的重视，在全国政协组建了农业和农村委员会。方案还为强化党对人民解放军、武警部队和其他武装力量的绝对领导，理顺武警部队领导管理和指挥使用体系，以及克服群团组织中存在的"机关化、行政化、贵族化、娱乐化"问题作出了安排。

（三）推动中国特色社会主义制度更加成熟完善

新时代中国社会主要矛盾对制度建设提出了更高要求，需要继续扫除那些已不适应经济社会发展的体制机制障碍，构建出一套与高质量发展相契合的制度体系。

第一，中国特色社会主义制度和治理体系不是凭空创造的，而是有着深厚的历史文化底蕴。一方面，这套制度和体系，源于对中华民族上千年文明演进和优秀传统文化的继承。中国是四大文明古国之一，在古代创造了辉煌灿烂的文明，曾长期处于世界领先地位。在中国古代国家治理实践中，包含着至今仍有很高借鉴意义的国家治理智慧，这些治国理念，一定程度上同马克思主义的精神内核相契合，这使马克思主义能够在中国迅速传播，并得到广泛认同成为某种必然。另一方面，这套制度体系，也是建立在国际共产主义运动之中对苏联等社会主义国家制度体系反思之上的，这些治国理政经验对处在革命、建设、改革时期的中国共产党人产生了显著影响。以上两个方面，到现在仍然是获取改进"中国之制"灵感和经验的重要来源，这并不等于说，对中国古代制度或是国际共运的国家体系进行照搬照抄。建设中国特色社会主义制度，对于中国古代治理体系和苏联社会主义治国经验，都要做到批判继承，不是要搞封建礼教的复辟，也不是要回到封闭僵化的老路。

第二，同其他社会制度相比，中国特色社会主义制度和国家治理体系具有许多显著的优势。其一，评价或比较一个制度相对于另一个制度的好坏优劣，归根结底要看这个制度能否适应这个国家的发展需要，为解决社会进步需要面对的问题提供制度保障；能否更好地解放和发展生产力，从而尽可能满足人民的各方面需要；能否更好地保障人民的生存权和发展权，使人民享有更高水平的民主权利；能否不断地培养和创造出支撑国家和社会持续进步的优秀人才，实现国家的长期繁荣发展。其二，在党的十九届四中全会通过的《中共中央关于坚持和完善中国特色社会主义制度 推进国家治理体系和治理能力现代化若干重大问题的决定》中，详细列出了13个中国特色社会主义制度具有的显著优势，这些优势是科学社会主义生命力和优越性的集中体现，需要长期坚持并继续发扬。其三，中国国家制度和国家治理体系的本质属性在于人民性，有效防止了由少数精英或利益集团绑架经济社会发展的情况，保证人民当家作主，维护人民合法权益，发展的根本目的是实现最广大人民的根本利益，使改革发展的成果由全体人民共享。其四，构建这套制度体系的探索过程，还是一个将马克思主义基本原理同中国实际相结合，并把马克思主义中国化理论成果和成功经验自觉用于指导制度建设的过程。也就是说，"中国之制"的形成和完善，是在马克思主义科学理论的指导和引领下推进的；而建立健全"中国之制"的实践探索，又是使马克思主义中国化得以深入发展的前提和基础。其五，中国特色社会主义制度的显著优势，被新中国70多年和改革开放40多年来取得的成就所证明。要检验中国的国家制度和国家治理体系是否管用、是否有效，归根结底要通过中国社会主义现代化建设实践来检验。中国共产党人要树立制度自信，反对那种看不到中国制度显著优势和本质区别，盲目崇拜西方制度，鼓吹照搬照抄他国经验的错误思想和行为，将"中国之制"完善好、发展好。

第三，新时代中国社会主要矛盾的变化，对完善和发展中国特色社会主义制度和治理体系提出了更高更新的要求。当前，中国面临着向高质量发展方式转变的任务，发生对社会整体造成巨大影响的风险挑战的可能性增加，改革发展所碰到的障碍解决难度增大，迫切要求确立系统思维，加强顶层设计，使各方面各领域改革得以协同推进。制度体系不完善和治理能力相对不高已经成为制约社会进步的重要原因。为此，中央确定了到2035年基本实现、到新中国成立100周年时全面实现国家治理体系和治理能力现代化的目标。中国特色社会主义制度是一个以党的领导制度为统领，以根本制度、基本制度、重要制度作为"四梁八柱"的严密完整的科学制度体系。它包括党的领导制度体系、人民当家作主制度体系、中国特色社会主义法治体系、中国特色社会主义行政体制、社会主义基本经济制度、繁荣发展社会主义先进文化的制度、统筹城乡的民生保障制度、共建共治共享的社会治理制度、生态文明制度体系、党对人民军队的绝对领导制度、"一国两制"制度体系、独立自主的和平外交政策、党和国家监督体系等方面的内容，基本覆盖了中国经济社会发展的各个领域和方面。接下来，要按照中央的统一部署，主抓各项制度体系的建设落实工作。要坚持党对制度完善和体系建设工作的统一领导，发挥各级党组织的把关、规划、执行作用，既要坚持原则，有章可循，又要勇于创新，探索出更多的成功经验。要在全党全国培养尊崇制度、维护制度、自觉按制度办事的意识和习惯，使制度成为各项工作开展的基本依循，而不是停留在纸面上、口头上。要切实提高广大党员干部各方面能力，推动党员干部依照制度履行职责，在此过程中得到政治锤炼、业务训练、实践锻炼,将制度执行力作为干部考察的重要标准。

四、为推进中国式现代化和解决新时代中国社会主要矛盾创造良好外部条件

中国的发展离不开世界,世界的繁荣也少不了中国的付出。推进中国式现代化,解决新时代中国社会主要矛盾,必须有一个有利的国际环境作为支撑,外部条件的变化对新时代中国社会主要矛盾的运动时刻产生着独特的作用。进入新时代以来,面对"百年未有之大变局",中国提出了共同构建人类命运共同体的方案,号召世界各国抛弃对抗思维,开展广泛合作,为实现一个更加美好的世界而携手奋斗。

(一)推动构建人类命运共同体

实现人类文明的繁荣进步,绝不只是个别民族、个别国家的事,归根结底要依靠国际社会的真诚合作与共同行动。党的二十大报告指出,构建人类命运共同体是世界各国人民前途所在。正在走向"强起来"的中华民族,通过对当代世界情势的冷静分析,提出了携手构建人类命运共同体的中国方案,为推动人类文明永续发展提供了新的选择。

当今世界正处于"百年未有之大变局",是一个大发展大变革大调整的时期。世界多极化、经济全球化、社会信息化、文化多样化深入发展,全球治理体系和国际秩序变革加速推进,新兴市场国家和发展中国家快速崛起,国际力量对比日趋均衡,世界各国的命运前所未有地紧紧相连;但与之相伴的,是世界面临的不稳定性不确定性突出,世界经济增长乏力,贸易保护主义、孤立主义、民粹主义等思潮不断抬头,贫富分化日益严重,地区热点问题此起彼伏,非传统安全威胁持续蔓延。"世界怎么了?应该怎么办?"的时代之问,正是在这样的背景下提出来的,世界各国都必须做出回答和选择。而要作出符合客观实际的理论答复,就需要在维护人类共同利益的过程之中,不断认识现象背后的本质,找出隐藏于深处的问题根源,有针对性地找出解决之道。

对于"百年未有之大变局"的理解,目前仍有待于进一步阐释。概括说来,有以下几个方面:一是从世界经济格局上看,以2008年国际金融危机为界限,西方发达资本主义国家成了危机最初的"策源地"和最大"传播者",而以中国为代表的一批新兴市场国家和发展中国家成为推动世界经济复苏的主要贡献者;二是从经济增长动力上看,世界经济增长动能正面临深刻转变,贫富差距扩大、劳动生产率下降、贸易保护主义抬头等结构性矛盾,制约着世界经济的复

第四章
在持续解决新时代中国社会主要矛盾的过程中推进中国式现代化

苏和发展，但以人工智能、大数据、生物工程为代表的科技革命，又预示着社会生产力很可能迎来一次根本变革，从而可能引起经济的飞跃式发展，令全球发展方式出现深刻转变，实现更加全面、更有质量、更可持续的发展；三是从国际力量对比上看，"冷战"结束后形成的西方发达资本主义国家主导的世界秩序发生了动摇，"逆全球化"和民粹主义的兴起，令西方一定程度上从国际舞台的中央"退却"，世界多极化的趋势得到加强，作为最大发展中国家的中国，正日益走近世界舞台中央，成为促进世界和平与发展的强大力量。四是从发展模式和道路上看，资本主义的发展模式、社会制度和价值理念在当今受到了广泛怀疑，中国特色社会主义道路、理论、制度、文化的形成与发展，为世界提供了一条不同于西方的全新选择，使人们开始走出苏东剧变的阴影，逐渐恢复对社会主义的信心，在资本主义与社会主义的较量中，出现了有利于社会主义的转变。五是从人类面对的共同挑战上看，气候变化、网络安全、恐怖主义、重大传染性疾病防治等新问题、新挑战要求世界各国超越狭隘的个别利益，展开紧密协作，探讨关系全人类前途命运的重大战略。

构建人类命运共同体，实现共赢共享，是中国根据自身经验对"时代之问"的回答，是经过深思熟虑之后为世界提供的中国智慧与中国方案。构建人类命运共同体,要坚持对话协商、共建共享、合作共赢、交流互鉴、绿色低碳的原则,建设一个持久和平、普遍安全、共同繁荣、开放包容、清洁美丽的世界。这是中国在"为世界谋大同"而奋斗的过程之中,根据当前世界大势所草拟的"建议书"和"路线图",同时也是中国需要长期为之努力的重要外交目标。

人类命运共同体,是中国以马克思主义为指导,根据自身建设经验,分析当前国际形势而提出的,具有现实针对性和社会主义属性。辩证唯物主义和历史唯物主义是中国透视世界的理论武器,实事求是是得到正确认识和结论所遵循的根本原则。把握国际形势,就要树立正确的历史观、大局观、角色观,即从历史中总结规律,把握历史前进大势;透过现象和细节把握本质和全局,抓住主要矛盾和矛盾的主要方面;在中国和世界的关系之中看问题,明确中国在世界格局演变中的地位和作用。新中国成立70多年来,尤其是改革开放40多年来,中国在对外交往实践中积累了丰富的经验,形成了对国际问题的独特思考,这些都成为了马克思主义中国化的两大理论成果——毛泽东思想和中国特色社会主义理论体系之中的重要组成部分。也就是说,构建人类命运共同体,不仅是具有中国特色的方案,也是具有马克思主义、社会主义性质的理论主张。

第四章
在持续解决新时代中国社会主要矛盾的过程中推进中国式现代化

人类命运共同体，在纵向的历史维度上看，是取得人类最终解放，实现世界大同过程中的一个阶段性目标。人类社会的发展，是一个从低级到高级的自然历史过程。社会主义取代资本主义，最终达到共产主义，是历史的必然趋势，但这必将是一个长期的过程，其中会划分为不同的历史阶段。人类命运共同体既是对西方发达资本主义主导的国际旧秩序的否定，又是以彻底消灭剥削、实现一切人自由全面发展的"自由人联合体"为前景的，一方面坚持了马克思主义的国际性，另一方面又立足于民族国家作为国际社会基本单位和资本主义、社会主义两种制度长期并存的实际，正面回应当前受到世界普遍关注的问题与挑战，是阶段性目标和最终目标的有机统一，从而获得了越来越多国家和地区的认可。

人类命运共同体，是对资本逻辑及其价值观的否定，是以人类共同利益为中心的价值理念的复归。进入资本主义时代以来，资本的逻辑取得了社会的统治地位，重塑了人们的价值观念，使人们自发地形成个人利己主义、拜金主义、享乐主义的思想观念。在资本主义社会之中，劳动者只是应该被尽可能节约利用的成本，而不是被看作活生生的人。人类命运共同体的主张，正是尝试通过全球范围的真诚合作，摆脱这种冷冰冰的资本逻辑，把人类的共同命运和共同利益置于首要位置。所以，人类命运共同体并不是一种"价值中立"和"超意识形态主张",而是具有鲜明的价值取向。作为人类命运共同体方案的提出者和倡导者,中国正在用实际行动努力使一个更加美好的世界成为现实。

首先,中国做好自己的事情,本身就是对构建人类命运共同体的巨大贡献。目前,中国是世界第一大工业国、第一大货物贸易国和第一大外汇储备国,改革开放40多年来,中国国内生产总值(按可比价格计算)年均增长约为9.5%,成为推动世界经济增长的强劲动力源;中国即将全面建成小康社会,使现行联合国标准下的7亿多贫困人口告别了贫困,占同期全球减贫人口总数的70%以上,中国通过精准扶贫,顺利打赢脱贫攻坚战,2020年在中国彻底消除了绝对贫困,实现了全面建成小康社会的光辉历史使命。面对突如其来的新冠肺炎疫情的冲击,中国果断采取了一系列大胆坚决的应对措施,在不长的时间里有效控制住了国内疫情的蔓延,国民经济和社会发展得到较快复苏并恢复了增长势头。

其次,中国反对霸权主义强权政治,尊重各国选择社会制度和发展道路的权利,积极参与并主动引领全球治理体系的改革与建设。中国向世界庄严承诺并反复重申:永远不称霸,始终同广大发展中国家站在一起,无论发展到何种程度,都不会威胁谁,都不会颠覆现行国际体系,都不会谋求

第四章 在持续解决新时代中国社会主要矛盾的过程中推进中国式现代化

建立势力范围，始终要做世界和平的建设者、全球发展的贡献者、国际秩序的维护者。中国在国际事务中发挥越来越重要的作用，推动国际关系走向民主化，努力提升新兴市场国家和广大发展中国家在国际事务中的话语权，用对话和谈判的和平方式解决争端，是中国的一贯主张。有力地回应了国际上某些对中国采取"妖魔化"歪曲描绘的声音，用实际行动打破了所谓"中国威胁论"的论调。

再次，中国将继续扩大开放，欢迎各国搭乘中国发展的"顺风车"。近年来，中国继续推进对外开放的广度和深度，大幅放宽市场准入，创造更有吸引力的投资环境，加强对知识产权的保护，并主动扩大进口，先后设立多个自由贸易试验区，推动人民币的国际化，亲力推动经济全球化。中国积极参与到解决气候变化、消除贫困、打击国际恐怖主义、处理区域争端等国际共同问题的努力中去。2020年12月12日，国家主席习近平在气候雄心峰会上作出庄严承诺："中国力争在2030年前达到二氧化碳排放峰值，努力争取2060年前实现碳中和。到2030年，中国单位国内生产总值二氧化碳排放将比2005年下降65%以上，非化石能源占一次能源消费比重将到25%左右，森林蓄积量将比2005年增加60亿立方米，风电、太阳能发电总装机容量将达到12亿千瓦以上。在新冠肺炎疫情防控之中，中国全力开展新冠病毒疫苗的研发工作，研究进展居于世界前列，向其他各国介绍中国抗疫经验，派遣专家团队和供应医用口罩、防护服等医疗物资支援全球疫情防控。

最后，将"一带一路"建设作为中国推动构建人类命运共同体的重要实践平台。中国发起的"一带一路"倡议，是基于中国一以贯之的谋和平、促发展的外交准则之上的，重点放在改善范围内广大发展中国家落后的基础设施，增强这些国家在经济上独立自主的能力，帮助落后国家和地区摆脱"贫困陷阱"，而不是实现某个国家狭隘利益和称霸野心的工具。中国发扬以和平合作、开放包容、互学互鉴、互利共赢为核心的"丝路精神"，对接欧洲"容克计划"、俄罗斯"欧亚经济联盟"、哈萨克斯坦"光明之路"等国际和地区组织发展合作规划，呼应各国发展战略，推动150多个协议签署国家和国际组织展开务实合作，共同应对人类面临的风险与挑战，实现互利共赢、共同发展的目标。

（二）促进国际共产主义运动的复兴

实现全人类的彻底解放，实现一切人自由全面的发展，是包括中国共产党人在内的全世界共产党人一贯坚持并为之奋斗的最高理想和最终目标，因此也是作为科学社会主义实践形式的国际共产主义运动的根本发展方向。国际共产主义

第四章
在持续解决新时代中国社会主要矛盾的过程中推进中国式现代化

运动,就是争取一切人彻底解放和自由全面发展,实现世界大同的"自由人联合体"的现实运动。中国特色社会主义事业是国际共运内在的组成部分,国际共运能为中国解决新时代中国社会主要矛盾提供了独特智慧和优势条件,中国的改革发展也将为国际共运的复兴作出越来越大的贡献。

实现共产主义,一直是中国共产党人的最高理想和最终目标,由它所领导的中国革命、建设、改革实践,始终是国际共产主义运动的组成部分。中国共产党之所以叫共产党,就是因为从成立之日起我们党就把共产主义确立为远大理想。这种坚定不移的理想信念,使党一次次从挫折中奋起;丧失共产主义理想,往往是党蜕化变质的标志,也是党走向衰落的开端。要从对理论的科学认识和历史规律的把握之中,正确认识共产主义理想信念,从而占据推动人类社会进步、实现人类美好理想的道义制高点。

国际共产主义运动同其他形形色色的政治运动有着根本的不同。一方面,国际共产主义运动是最彻底追求人类解放的运动。这是因为,国际共运以马克思主义的科学理论作为其指导思想,找出并践行着一条符合人类社会发展规律的,由无产阶级领导最广大人民群众,通过革命消灭资本主义,进而消灭一切剥削和阶级差别,实现人类自由和解放的正确道路。因此,国际共运是同占人类绝大多数的劳动人民根本利益相一致的运动，这就使它有可能将其他各种社会进步运动团结起来，将不同国家、不同民族、不同肤色、不同阶层、不同行业的劳动人民组织起来，将人类解放的阶段性目标和最终目标有机结合起来。另一方面，国际共产主义运动是迄今唯一针对资本主义提供了替代性方案的现实运动。历史上并不乏对一个更加美好社会的构想和相应的尝试，但要么沦为不切实际的乌托邦，要么蜕变为资本主义的辩护士和"修补匠"。只有国际共运在揭示资本主义基本矛盾和内在规律的基础上，通过无产阶级和劳动人民的革命行动，建立了社会主义这一种崭新的社会制度，积累了自十月革命以来一百多年建设社会主义的宝贵经验，为人类文明提供了一种经过实践证明了的、不同于资本主义发展方式的全新选择。

应当注意到，实现人类的彻底解放，是一个漫长的历史过程。和平与发展的时代主题和历史大势在短期内不会改变。中国和世界各国的共产党人需要以实事求是的态度，充分估计到这些具有长期性、复杂性、世界性的时代特征，同时，也必须充分意识并抓住历史赋予的战略机遇，制定正确的阶段性目标，为解决世界所面临的共同问题提出可行的方案。

进入新时代，中国能够在推动国际共运的复兴上作出更

第四章
在持续解决新时代中国社会主要矛盾的过程中推进中国式现代化

大贡献,同时也能从国际共运的发展中为解决新时代中国社会主要矛盾、推动构建人类命运共同体创造良好条件。

一是要推动中国共产党的自我革命,维护好、建设好、发展好新时代中国特色社会主义。中国用70多年的时间,取得了经济发展奇迹和社会长期稳定奇迹,向世界证明了社会主义的巨大优越性,使科学社会主义在21世纪的中国展现出巨大的生机与活力。习近平新时代中国特色社会主义思想是马克思主义中国化的最新理论成果,是当代中国马克思主义、21世纪马克思主义,是中国共产党和中国人民在新时代的行动指南。

二是加强世界马克思主义理论的交流和研究。马克思主义的创新发展,既要同各国具体实际相结合,又要通过汲取各国的实践经验来推动理论的进步。经中国教育部批准,北京大学于2015年和2018年成功主办两届世界马克思主义大会,国内外从事马克思主义研究的专家学者齐聚一堂,共同探讨关乎人类文明进步的重大理论与实践问题;除此之外,2016年由中共中央对外联络部发起主办的国际交流与对话平台"万寿论坛",先后有中外政党、专家学者、民间组织代表参加,促进各方交流互鉴,不少国外共产党和左翼团体代表曾应邀参加。通过思想碰撞和学术交流,深化对共产党执政规律、社会主义建设规律、人类社会发展规律的把握,深刻批判和揭露资本主义，为复兴国际共产主义运动出谋划策，增强马克思主义对世界问题的解释力和国际影响力。

三是加强同社会主义国家执政党和其他国家共产党和工人党的联系与合作。共同的理想信念和奋斗目标，成为发展共产党之间相互关系的独特优势。2017年，中国共产党成为共产党和工人党国际会议工作组成员，并且在11月底12月初成功举办中国共产党与世界政党高层对话会，多个国家的共产党受邀参加了会议。中国共产党和其他国家共产党之间的双边合作也有所发展，如南非共产党、俄罗斯联邦共产党都曾多次派代表团访问中国。

结　语

新时代中国社会主要矛盾将在今后一个历史时期内，作为推动中国社会进步的动力而发挥着作用，决定着党和国家的中心任务，同时也决定着进一步推动中国式现代化的战略方向。2021年是中国共产党成立的100周年，也是全面建设社会主义现代化国家、落实"十四五"规划的开局之年；2022年召开了中国共产党第二十次全国代表大会，从全局高度为以中国式现代化实现中华民族伟大复兴作出了战略安排和部署。中国将全力抓住新时代中国社会主要矛盾，把解决发展的不平衡不充分，满足人民日益增长的美好生活需要作为中心工作。相信在中国共产党的正确领导下，中国能够按照既定部署，在2035年完成全面建设社会主义现代化国家的历史使命，实现在21世纪中叶建成富强民主文明和谐美丽的社会主义现代化强国的目标，成功地将中华民族伟大复兴的中国梦变为现实，开辟一条不同于传统现代化的，极具中国特点和优势的中国式现代化道路。

解决新时代中国社会主要矛盾的过程，同时开启了社会主要矛盾变化发展的新阶段，人民需要和社会发展的矛盾两个方面的具体表现和主次地位，必然会随着生产力、生产关系—经济基础、上层建筑和外部环境的改变而相应地改变,可能在未来又一次发生主要矛盾的转化,但也存在发生人民需要和社会发展的矛盾退居次要矛盾,其他质的矛盾变为主要矛盾更深刻的变化。这些可能的变化对于党和人民的事业而言,有的是积极的,有的是消极的。为此,要时刻注意对新时代中国社会主要矛盾的运动情况进行科学研判,推动矛盾逐步地得到解决,避免由于矛盾的激化而引起向不利于社会主义现代化建设的方向转变。

主要参考文献

[1]《马克思恩格斯文集》(1—10卷),人民出版社2009年12月第1版。

[2]《列宁选集》(1—4卷),人民出版社2012年9月第3版修订版。

[3]《毛泽东选集》(1—4卷),人民出版社1991年6月第2版。

[4]《毛泽东文集》(1—8卷),人民出版社1999年6月第1版。

[5]《邓小平文选》(第2卷),人民出版社1994年10月第2版。

[6]《邓小平文选》(第3卷),人民出版社1993年10月第1版。

[7]《周恩来选集》,人民出版社1984年11月第1版。

[8]《江泽民文选》(1—3卷),人民出版社2006年8月第1版。

[9]《胡锦涛文选》(1—3卷),人民出版社2016年9月第1版。

[10]《习近平谈治国理政》(第一卷),外文出版社

2018年1月第2版。

［11］《习近平谈治国理政》(第二卷)，外文出版社2017年11月第1版。

［12］《习近平谈治国理政》(第三卷)，外文出版社2020年6月第1版。

［13］习近平：《摆脱贫困》，福建人民出版社1992年7月第1版。

［14］逄先知、金冲及主编：《毛泽东传（1949—1976）》，中央文献出版社2003年12月第1版。

［15］中共中央文献研究室编：《邓小平年谱》（1975—1997），中央文献出版社2004年7月第1版。

［16］习近平：《干在实处 走在前列——推进浙江新发展的思考与实践》，中共中央党校出版社2006年12月第1版。

［17］习近平：《之江新语》，浙江人民出版社2007年8月第1版。

［18］《胡乔木文集》，人民出版社2012年5月第2版。

［19］中央档案馆、中共中央文献研究室编：《中共中央文件选集（一九四九年十月——一九六六年五月）》，人民出版社2013年6月第1版。

［20］中共中央文献研究室编：《毛泽东年谱（1949—1976）》，中央文献出版社2013年12月第1版。

［21］中共中央文献研究室编：《建国以来重要文献选编》（第4册），中央文献出版社1993年7月第1版。

［22］中共中央文献研究室编：《三中全会以来重要文献选编》（上），人民出版社1982年8月第1版。

［23］中共中央文献研究室编：《十四大以来重要文献选编》（上），人民出版社1996年2月第1版。

［24］中共中央文献研究室编：《十七大以来重要文献选编》（下），中央文献出版社2013年6月第1版。

［25］中共中央党史和文献研究院编：《十八大以来重要文献选编》（中），中央文献出版社2018年5月第1版。

［26］中共中央党史和文献研究院编：《十八大以来重要文献选编》（下），中央文献出版社2018年5月第1版。

［27］中共中央党史研究室：《中国共产党的九十年》，中共党史出版社2016年6月第1版。

［28］胡乔木传编写组：《胡乔木传》，当代中国出版社、人民出版社2015年1月第1版。

［29］〔英〕戴维·麦克莱伦：《马克思传》，王珍译，中国人民大学出版社2010年10月第1版。

［30］程连升：《筚路蓝缕：计划经济在中国》，中共党史出版社2016年9月第1版。

［30］程永宏：《改革以来全国总体基尼系数的演变及其城乡分解》，《中国社会科学》2007年第4期。

后 记

笔者在第一次阅读毛泽东同志的《矛盾论》时，就对社会矛盾问题产生了兴趣；在攻读博士学位期间对这一问题的深入思索，使我的思维体系得到了充分塑造，对马克思主义的理解达到了一个相对更深刻的程度。关注中国社会主要矛盾，必然要全面考察中国的工业化、现代化之路；而这也正与党的二十大提出的中国式现代化理论很是契合，希望本书的论证能够为马克思主义中国化时代化作出一些贡献。限于本人知识水平，难免会存在一些疏漏和不足之处，敬请读者指正；也欢迎大家就本书主要观点和内容同我交流探讨。

在书稿的写作到出版的整个过程之中，我首先要对我的博士生导师徐志宏教授表达最真挚的感谢，感谢徐老师在我攻读博士学位期间给予的悉心指导。我的硕士生导师王来金副教授也提供了宝贵的建议；同时感谢我的亲人和朋友在此期间给我的照顾与帮助。另外，我也要感谢母校中国人民大学为我提供的良好学术科研条件，以及当前工作单位北京交通大学马克思主义学院的领导和同事们给予我的帮助。

重庆出版社是一家十分优秀的出版社,特别要感谢出版社的林郁编审和彭景编辑认真、高效、细致的工作,使本书顺利付梓。

唐　鑫

2024年2月